Cuentos españoles contemporáneos

Juana Amelia Hernández

Edenia Guillermo

Hood College

National Textbook Company
a division of *NTC Publishing Group* • Lincolnwood, Illinois USA

CUENTOS ESPAÑOLES CONTEMPORÁNEOS
Selección, notas, introducción, ejercicios y vocabulario por
Juana Amelia Hernández y Edenia Guillermo.

Ilustraciones
Rebeca Delgado Christy

1997 Printing

Published by National Textbook Company, a division of NTC Publishing Group.
© 1993 by NTC Publishing Group, 4255 West Touhy Avenue,
Lincolnwood (Chicago), Illinois 60646-1975 USA.

6 7 8 9 VP 9 8 7 6 5 4 3

Contenido

Prefacio

Los cuentos han sido siempre material excelente para crear el hábito de leer en los jóvenes. Y resultan especialmente eficaces para quienes están aprendiendo un idioma extranjero. Son interesantes y amenos, al tiempo que ofrecen temas para la discusión de ideas y para los ejercicios de redacción y de repaso gramatical.

Aunque abundan libros de este tipo, no siempre ofrecen material novedoso y ajustado a los sucesos e ideas actuales. Se hace preciso renovar los temas de lectura para ponerlos al día y conectarlos con el mundo en que vivimos.

Los jóvenes escritores españoles

En el marco de una nueva realidad histórica, producto de cambios sustanciales en la sociedad española, tras la muerte del dictador Francisco Franco, ha surgido en España un grupo de novelistas jóvenes cuya obra merece una consideración especial.

La narrativa española vive un momento de extraordinaria fecundidad. A los viejos maestros que aún se mantienen activos—Camilo José Cela, Miguel Delibes, Gonzalo Torrente Ballester—y a los que les siguieron—Juan Benet, Ana María Matute, Carmen Martín Gaite, Juan Goytisolo—, se ha sumado ahora un nutrido grupo de creadores jóvenes, cuya obra ha merecido elogios de críticos como Gonzalo Sobejano y Ricardo Gullón, quien ha calificado de *pléyade* a este conjunto de escritores que se dan a conocer a partir de 1975, año que abre España a una renovadora realidad política.

Creación en libertad

Los nuevos narradores se distinguen de sus predecesores por la absoluta ausencia de una temática o una técnica común; escapan a todo encasillamiento y se resisten a cualquier intento clasificador. Quizás, como ya ha señalado el crítico español Darío Villanueva, sólo pueda afirmarse que crean una novela *en libertad,* con el doble sentido de escribir sin temor a la censura que caracterizó la posguerra española, y de crear libres de toda sujeción a dogmatismos de escuela o tendencia literaria. Cada uno de ellos mantiene su individualidad de estilo, técnica, estructura, temas, situaciones y personajes, fieles sólo a su visión personal del mundo y de España.

Voces distintas

Los rasgos sobresalientes de la nueva narrativa son: la vuelta al relato de corte clásico, que recupera el gusto de *contar;* el interés por los temas históricos; la preocupación por el lenguaje; el énfasis en el ambiente urbano y cosmopolita, sin olvidar lo rural; la presencia de lo erótico; el predominio de la metaficción; el gusto por lo fantástico; la abundancia de relatos policíacos o de misterio; y el tratamiento irreverente de antiguos mitos nacionales. En la mayoría de los nuevos narradores están presentes las características de la posmodernidad: el diálogo paródico con el pasado, la intertextualidad, el distanciamiento cargado de ironía, la indagación en el proceso creador como elemento narrativo y el juego literario entre trama y texto.

Para este libro, preparado con propósito renovador, hemos seleccionado nueve relatos breves, escritos por narradores españoles que escriben en este momento para los lectores de hoy, mirando al mundo de hoy, y viviendo los problemas y realidades de hoy.

Hemos ordenado los cuentos atendiendo a su grado de dificultad y extensión. Cada uno de ellos está seguido de un largo y detallado cuestionario, encaminado a contribuir a la comprensión del relato. Los temas, basados también en el contenido de las narraciones, llevan el propósito de estimular la práctica de la redacción, al tiempo que los ejercicios ayudarán a enriquecer el vocabulario y a afianzar el conocimiento de las estructuras gramaticales.

Ojalá que nuestras selecciones cumplan su cometido y resulten de interés para estudiantes de español.

Juana Amelia Hernández
Edenia Guillermo
Hood College, Frederick, Maryland

Agradecimiento

Queremos expresar nuestra gratitud hacia los nueve escritores españoles, autores de los cuentos que hemos seleccionado para este libro de lectura, destinado a estudiantes de español en los Estados Unidos. Aquí dejamos público testimonio de nuestro sincero agradecimiento a Bernardo Atxaga, Paloma Díaz-Mas, Juan Madrid, Luis Mateo Díez, Marina Mayoral, José María Merino, Antonio Muñoz Molina, Pilar Pedraza y Soledad Puértolas, quienes accedieron muy generosamente a autorizar la reproducción de sus relatos en este libro.

Asimismo deseamos reconocer el estímulo y cooperación que en todo momento nos prestó el editor de lenguas extranjeras de la National Textbook Company, Mr. Timothy J. Rogus, y el Editor Asociado, Mr. Tim Collins, cuyo apoyo ha sido fundamental para llevar este libro a feliz término.

Particularmente Juana Amelia Hernández quiere expresar también su personal reconocimiento al Beneficial-Hudson Faculty Fellowship Program de Hood College, y a la Dirección General de Relaciones Culturales del Ministerio de Relaciones Exteriores del Gobierno Español, por las becas de investigación que ambas instituciones le concedieron, que hicieron posible permanencia en España durante el año de 1988. Ese año de estudios en que residió en Madrid, Barcelona, Valencia y Granada, y pudo visitar otras regiones del país, le dio ocasión de conocer personalmente a casi todos los escritores que aparecen en este libro, así como de entrevistar a algunos de ellos para comentar sus obras.

A todos, nuestras más sinceras gracias.

Juana Amelia Hernández
Edenia Guillermo
Hood College, Frederick, Maryland

JUAN MADRID

Andaluz nacido en Málaga en 1947, Juan Madrid posee una peculiar habilidad para crear situaciones y desarrollarlas con singular precisión y economía verbal. Sus ingeniosos relatos tienen casi siempre escenarios urbanos, como refleja el título de su colección *Cuentos del Asfalto*, publicada en 1987, que recoge historias escritas en los diez años anteriores.

La crítica sitúa a Juan Madrid entre los mejores cultivadores de la llamada "novela negra española", que ha adquirido gran auge recientemente. Él afirma que su obra es sólo "crónica urbana adscrita al realismo". En el prefacio de la mencionada colección también dice: "El asfalto es material que encierra pequeños y sórdidos dramas anónimos que jamás saldrán a la luz."*

Entre sus obras más conocidas figuran *Las apariencias no engañan* (1982); *Un beso de amigo* (1983); *Nada que hacer* (1984); *Un trabajo fácil* (1984); *Hotel Paraíso* (1987) y *Chantaje*. Su libro más reciente, también de 1987, es el referido *Cuentos del Asfalto*, al que pertenece «La Mirada», aquí incluido.

---

*«Aviso para Caminantes», *Cuentos del Asfalto*. (Madrid: Editorial Popular, S.A.) 1987, p. 5.

En su artículo «Novelas de todos colores», como parte del reportaje especial sobre «La Novela de la Democracia», publicado en la revista *Cambio 16,* Juan Madrid afirma, al referirse a "Nuestra Novela Policíaca Española": "Había una necesidad de buscar y encontrar una novela realista que hiciera la crónica de nuestro estricto tiempo contemporáneo. La novela social que se hacía hasta bien avanzado el franquismo parecía no servir demasiado y se acudió a un referente cultural que se acababa de conocer en España: la novela negra americana de Hammett, Chandler, Himes, Burnett o MacCoy. Y se entró a saco con ella...."**

Compartimos el juicio sobre Madrid de quienes afirman que "su literatura es seca, concisa, directa y fluida, llena de ternura, humor y soledad".***

**«Novelas de todos colores». *Cambio 16.* No. 883. 31 de octubre de 1988, p. 115.

***Cuentos del Asfalto.* Nota biográfica sobre el autor. Pág. 4.

La mirada

Mire usted, yo no soy mala persona. Yo me dedico a mis cosas, la tienda, y ya ve usted, no es muy grande y mis hijos, que antes estaban aquí conmigo, pero la juventud, ya lo sabe usted. La juventud tira para° otras cosas, pasan de° la tienda, como ellos dicen. ¿Usted tiene hijos? Dios se los conserve. Mientras sea pequeño, no le dará más que alegrías, pero en cuanto se hacen mayores la cosa cambia, se lo digo porque lo sé, sí señor. Mire, mi Arturo, con veinte años, aún no ha hecho nada. Empezó Comercio y luego dijo de hacer° Filosofía, no sé si la empezó, y ahora va diciendo que lo suyo es el teatro. ¡El teatro, fíjese usted! Pero para qué cansarle. Usted va a lo suyo, a su trabajo y yo al mío. No, no señor, no voy a cerrar la tienda. ¿Para qué? No es que no pueda, es que no quiero. Aquí no ha pasado nada.

　¿Cómo dice usted, señor inspector? Bueno, Arturo y Carmina, sí señor. Carmina está con su madre, sí señor, y viene menos por aquí. Antes, como ya le he dicho, venían más. Claro, también estaba su madre. Trabajábamos Carmina y yo y los niños ayudaban. Esas cosas, liar° paquetes, llevar recados, nada. Para mí que la juventud tiene que saber lo que es la vida. ¿Cómo dice? No señor, yo solo. Llevo ya muchos años yo solo en la tienda. Da para vivir pero nada más. Si le pregunta a mi mujer le dirá mentiras. Le dirá que soy rico. Pero es mentira, no señor. Y ella lo sabe porque ha estado aquí conmigo toda la vida. O sea desde que nos casamos, hace … hace más de veinte años. ¡Si no lo sabrá ella°, señor inspector!

　Yo no soy violento. Yo soy normal, ya se lo he dicho. Soy un español decente, normal, que se mata

tira para *prefiere*
pasan de they want nothing to do with

dijo de hacer talked about studying

liar *envolver*

Si … ella Wouldn't she know it!

3

a trabajar y paga sus impuestos. Y si no puedo defenderme pues usted me dirá.

¿Cómo dice? Oiga, yo no quiero hablar de política. Yo la única política que entiendo es la del trabajo. ¿Sabe usted a qué hora salgo yo de la tienda? No lo sabe, claro, no lo sabe. Pues salgo a las diez de la noche. Bueno, mejor dicho, echo el cierre° a las diez y me quedo con la luz encendida haciendo el balance, porque yo hago el balance diario. En cualquier momento, sé lo que falta, lo que tengo que comprar.... Si la política de este país se llevara como mi tienda.... Pero, bueno, no quiero hablar de política.

> **echo el cierre**   I lock the door

Sí señor, se lo cuento, los maté porque les miré a los ojos. Esa cara descarada°, chulesca, del que no trabaja, el pelo largo y sucio ... y la chica, para qué hablar de la chica. Una ... una cualquiera. Se cruzó de brazos° y me llamó viejo de mierda. Eso es, apunte, viejo de mierda.

> **descarada**   shameless

> **se cruzó de brazos**   folded her arms

No, no me estoy haciendo un lío, lo que pasa es que no hablo mucho con la gente y menos con la policía ... disculpe, le cuento, sí señor. Entraron como a las nueve y media. Yo, nada más verlos, sospeché. Algunas veces vienen jóvenes a comprar saladitos, galletitas, cosas, refrescos, patatas... para los guateques, ¿sabe usted? Bueno, nada más verlos supe que no venían a ningún guateque. El chico fue el que sacó la pistola y me la puso en la garganta. Me quedé sin habla. Yo creo que estaba más nervioso que yo, temblaba y sudaba.

"El dinero, venga, el dinero", me dijo. Y la chica dijo eso de viejo de mierda. Pero fue al mirarle a los ojos. Yo he estado en la guerra ¿sabe? Sé los ojos que tienen los que quieren matar y ese chico me quería matar. Yo tengo licencia de armas, sí señor, aquí la tiene y aquí está el Magnum 357. ¿Qué? Pues nada, que me gusta ¿a usted no? Es un arma preciosa, segura, ella me ha salvado la vida. Con licencia yo puedo tener lo que quiera. No se enfade, sigo.

Bueno, pues eso. ¿Por dónde iba?° ... ¡Ah, sí! Pues que veo que me pone en la garganta la pistola y

> **¿Por dónde iba?**   *¿Qué le estaba diciendo?*

le digo que sí, que le doy el dinero. Hay que decir eso, para disimular, para que confíen. Igual hacíamos en la guerra.

Y ahí está … ¿Cómo? No señor, no me di cuenta que la pistola era de juguete. ¿Cómo habría de° saberlo? Lo único que supe es que me iba a matar y entonces abrí el cajón…. Mire, de esta forma … y el revólver lo tenía ahí, tapado bajo los papeles. Le seguí mirando a los ojos y saqué el revólver. Disparé de cerca y me salpicó el delantal y la camisa. Es muy potente el Magnum, es un buen revólver. Ya lo ha visto. Le abrí un boquete° en el pecho que….

En fin, era su vida o la mía…. ¿La chica? ¡Qué sabía yo! Podría tener un arma escondida entre las ropas, esas golfas° lo hacen … nada, a ella fue a la cabeza. Es más seguro, usted lo sabe, que es un defensor del orden.

Pues no, no señor. No supe que el revólver era de juguete, ni que tenían doce años. A mí me parecieron de la edad de mi Arturo, ya se lo he dicho. Me parecieron como de veinte años. Y no jugaban. No era juego. Les miré a los ojos y supe que querían matarme. Por eso los maté yo. A los dos, sí señor.

habría de   *podía*

boquete   breach, hole

golfas   street toughs

Preguntas

1. ¿Quién es el narrador de «La mirada»?

2. ¿Cuál es el punto de vista del cuento?

3. ¿Con quién habla el dueño de la tienda?

4. ¿Qué sabemos de la familia del tendero?

5. ¿Con quién vive el tendero?

6. ¿Le gusta al hombre hablar de política? ¿Qué opina del gobierno?

7. ¿A qué hora cierra la tienda? ¿Qué hace después de cerrar?

8. ¿Qué suelen comprar los jóvenes en la tienda? ¿Para qué?

9. ¿Cómo describe el tendero al chico que entró en la tienda?

10. ¿Quién acompañaba al chico?

11. ¿Qué dice de la chica el tendero?

12. ¿Qué le pidió el chico al tendero?

13. ¿Dónde guardaba el tendero la pistola?

14. ¿Cómo reaccionó el tendero ante la petición de los chicos?

15. ¿Cuál es la inesperada revelación del final del cuento?

Temas

1. Este cuento es, en realidad, un diálogo entre el inspector de policía y el dueño de la tienda; pero sólo sabemos lo que dice el tendero. Complete usted el diálogo escribiendo las preguntas que se supone que hace el investigador.

2. Escriba un párrafo sobre el carácter violento del tendero. Busque datos en el cuento para apoyar su tesis.

3. ¿Qué opina usted de las víctimas de este cuento? Comente la situación de los adolescentes en el mundo actual.

Ejercicios

A. Pronombres de complemento directo e indirecto
Complete las oraciones con un pronombre de complemento directo o indirecto, según sea necesario.

1. ¿La verdad? Ya _____ la he dicho a usted, señor.

2. Los chicos querían robarme y por eso _____ maté.

3. El inspector cree que el dueño va a cerrar la tienda, pero éste le dice

   que no piensa cerrar_____.

4. El dueño dice que el chico _____ miró a los ojos.

5. Al tendero _____ gustan las armas.

B. Preposiciones
Use la preposición correcta para rellenar los espacios en blanco.

1. Arturo tiraba _____ el teatro.

2. No quieren hablar _____ filosofía.

3. Los jóvenes hablan _____ los amigos _____ los guateques.

4. Tenía tanto miedo que se quedó _____ habla.

5. _____ los dieciocho años obtuvo su licencia _____ conducir.

6. Escondía un revólver _____ los papeles que guardaba _____ el cajón.

7. El chico lo amenazó _____ una pistola _____ juguete.

8. Disparé _____ cerca.

9. Después _____ cerrar la tienda, se ocupaba _____ los libros.

10. _____ mí me parecieron que eran mayores. _____ eso los maté.

C. El pretérito perfecto
Cuando un hecho comienza en el pasado y continúa o influye en el presente, se expresa con el pretérito perfecto de indicativo. Cambie las siguientes oraciones del pretérito al pretérito perfecto.
Modelo: El llegó a tiempo. *El ha llegado a tiempo.*

1. El dueño de la tienda contó su versión de los hechos.

2. Le eché el cerrojo a la puerta.

3. Los hijos no hicieron nada importante.

4. Nosotros oímos la explicación.

5. Tú viste una pistola de juguete.

6. Usted no les dio el dinero.

7. Él hizo el balance de los libros.

8. Los chicos le pidieron el dinero.
9. Él sufrió la indiferencia de sus hijos.
10. Nosotros pensamos mal de los dos chicos.

Soledad Puértolas

Nacida en Zaragoza en 1947, a los catorce años se trasladó con su familia a Madrid, donde reside desde entonces. Estudió literatura y periodismo y ha viajado por Europa y Estados Unidos, donde pasó tres años en Santa Bárbara, California. Casada y madre de dos hijos, armoniza su vida hogareña con una constante actividad creadora. Ha enseñado lengua y literatura y ha publicado artículos de crítica literaria en algunas revistas.

Su primera novela, *El bandido doblemente armado* (1979) ganó el Premio Sésamo de ese año. Después publicó su colección de relatos *Una enfermedad moral* (1983), a la que siguieron sus novelas *Burdeos* (1986) y *Todos mienten* (1988). Su más reciente novela, *Queda la noche,* mereció el prestigioso Premio Planeta de 1989, con una copiosa edición de 200,000 ejemplares. Tiene, además, dos libros de literatura juvenil: *La sombra de la noche* y *El recorrido de los animales.* El siguiente cuento es de *Una enfermedad moral,* tercera edición, publicado por Editorial Anagrama (Barcelona, 1988).

Soledad Puértolas posee un claro estilo personal, caracterizado por un lenguaje que fluye con pulcritud y elegancia. Gusta de las situaciones misteriosas y desarrolla sus tramas con cierta ambigüedad que deja siempre abiertas varias posibilidades al lector. Entre los jóvenes narradores surgidos en la etapa democrática de España, Puértolas se destaca indudablemente por su original incursión en los temas eternos que mueven la vida humana.

Koothar

El viernes por la noche, Domenico Vaslo había empezado a preparar su día de pesca. Al llegar a su casa, e inmediatamente después de la cena, se había dirigido al cuarto donde guardaba su equipo y los aparejos. Lo examinó todo y tomó nota de cuanto necesitaba comprar al día siguiente. Satisfecho, porque aquel equipo había sido reunido lentamente y era ya muy bueno, se fue a la cama con el deseo de que el tiempo transcurriera° veloz y amaneciese el día esperado.

transcurriera *pasara*

El sábado por la mañana hizo un alto en° su trabajo y salió a la calle en dirección a la tienda. Allí le saludaron amablemente, le proveyeron de los utensilios que necesitaba y le desearon que la jornada resultase fructífera y placentera.

hizo … en *interrumpió*

"Todavía no es la temporada ideal, ni mucho menos. Pero los aficionados como usted no pueden esperar", le dijeron, con admiración.

Estaba terminando de almorzar cuando Fiejld y Oalto entraron en su despacho. Domenico abrió su termo de café y lo sirvió en las tazas que guardaba allí mismo, en la alacena°. Fiejld era el médico más antiguo de la localidad. Oalto, un joven ingeniero que había llegado a Koothar hacía medio año para colaborar en las obras del puente. Había sido el propio Domenico quien los había presentado y se habían convertido en amigos inseparables, pero buscaban su compañía para ir de pesca, porque Domenico Vaslo era autoridad indiscutible en esa materia. Cogerían el tren de las seis de la mañana en dirección a Hirvink, y regresarían en el de las cinco,

alacena cupboard

ya de noche, justo para asistir a la cena en casa de los Fiejld, porque la señora Fiejld había tenido la amabilidad de invitarlos a cenar. Domenico agradecía profundamente aquella invitación. Le agradaba entrar en ese círculo. Con la reserva que requería su cargo, desde luego. Un comisario debe mantenerse siempre un poco al margen.

Pero todos aquellos planes se habían echado a rodar° en la madrugada del sábado. El comisario general había enviado un cable anunciando su llegada para el domingo. Resultaba bastante extraño y Vaslo llamó a primera hora del domingo a la Comisaría General, pero no pudo aclarar nada.

se ... rodar had been spoiled

———El comisario no se encuentra aquí ———dijo el encargado. ———Está de viaje. Sé que hoy llegará a Koothar. Debe usted esperarle en la estación.

———Eso ya lo sé ———respondió con impaciencia Domenico. ———Pero ¿a qué hora, en qué tren llega?

———Espérele en la estación ———repitió, inmutable, el encargado. ———Esas son las órdenes.

Domenico colgó, desanimado. ¿Qué venía a hacer a Koothar el comisario general un domingo? Domenico no conocía personalmente al comisario, lo que aumentaba su desconcierto. No quedaba° sino obedecer las órdenes. Domenico se presentó en la estación a las nueve, tres horas más tarde de que el tren de Hirvink, en el que viajaban, sin duda, sus amigos, hubiese partido, y diez minutos antes de que el tren procedente de Kouvol anunciara su llegada. Hacía mucho frío, pero se intuía un día despejado y sin viento y, bien abrigado y al sol, se podría resistir varias horas.

No quedaba *no podía hacer otra cosa*

En el tren de Kouvol no llegó el comisario. Una veintena de personas descendió de él. Eran campesinos que venían a pasar el domingo en la ciudad. Habían madrugado para aprovechar bien el día. Lo miraban todo con admiración, hablaban casi a gritos y no se les entendía, porque su acento era muy cerrado°. Domenico, que provenía de una familia campesina y era corpulento según la mejor tradición de la comarca, los miró con cierta superioridad,

cerrado *fuerte*

porque él había superado esos defectos. Después, entró en la cantina y pidió a la camarera que le sirviese un buen desayuno.

——Hoy no va de pesca ——dijo la mujer, mientras depositaba sobre la mesa café, tostadas, mantequilla, queso y mermelada.

Domenico negó con la cabeza mientras empezaba a comer.

——Hace un día excelente, sin embargo ——comentó la mujer.

Los dos miraron el brillante cielo azul por encima de la cortina que sólo cubría la parte inferior de la ventana.

——Así es ——dijo, resignado, Domenico. ——El deber es el deber.

——Supuse que esperaba a algún familiar ——dijo la mujer, antes de retirarse.

Después de comer, Domenico lió un cigarrillo, pidió el periódico y lo estuvo hojeando mientras la mañana transcurría. El comisario no llegó en ninguno de los trenes que se detuvieron en la estación. Aquello empezaba a parecerse al desierto. Hasta las tres de la tarde no estaba anunciada la llegada de ningún tren y Domenico decidió dar un paseo. El domingo ya estaba perdido, llegara o no el comisario.

A paso lento, se acercó hasta la ciudad. Cruzó el puente sobre el Nivelda, cuyas aguas dormían bajo una espesa capa de hielo. Dentro de unos meses, aquel puente sería el mejor punto de diversión para los niños de la ciudad. Desde él arrojaban piedras para romper los grandes bloques de hielo que se deslizaban con la corriente y realizaban apuestas imaginando carreras entre ellos.

Domenico terminó su largo paseo en el muelle y decidió almorzar en una de las muchas tabernas que sirven de cobijo° a los marineros. A pesar de la calma **cobijo** *refugio* que reinaba en la ciudad, en el interior de la taberna había una gran agitación. Posiblemente, aquellos hombres que ahora gritaban y jugaban a los dados, acabarían el día borrachos y cansados, pero en aquel momento parecían felices, pletóricos.

Mientras regresaba a la estación, Domenico abrigó° la esperanza de que todo aquel asunto del comisario hubiera sido un error y no llegase en todo el día y él pudiera asistir, al fin, a la cena de los Fiejld. La mujer de la cantina, cuando lo vio aparecer, le ofreció una copa de licor que Domenico no rehusó.

abrigó held onto

Con aquel sabor dulce y fuerte en la boca, salió al andén. El sol empezaba a descender. Se avecinaba° una noche muy fría. Apartada del pueblo, vacía, la estación de Koothar parecía un lugar olvidado del mundo. El blanco paisaje del invierno, que se extendía inacabable hacia el interior, brillaba bajo el último destello de la luz del sol. Domenico Vaslo amaba Koothar y durante aquellos momentos se olvidó de su día de pesca frustrado y se sintió bien en la estación. No tenía, además, por qué preocuparse. Él era una persona respetada y querida por todos los habitantes de la ciudad.

se avecinaba *acercaba*

Allí se vivía en paz y en orden, lejos de las intrigas de la capital y si el comisario venía a meter la nariz, aunque hubiera tenido la impertinencia de escoger un domingo para su visita, que la metiera y en paz. Sólo iba a encontrar una ciudad tranquila, habitada por hombres pacíficos. Inmerso en esas meditaciones y reconfortado con ellas, escuchó el silbato del tren que se acercaba. Llegaba puntualmente, a las tres. Era un tren moderno, que realizaba en una mañana lo que en tiempos no demasiado remotos costaba una larga jornada de viaje.

Domenico Vaslo, que no había visto nunca al comisario, lo reconoció en seguida. Era un hombre menudo, vestido con ropa de ciudad: abrigo y sombrero oscuros, y una bufanda de lana gris alrededor del cuello. De su mano derecha colgaba una cartera. Domenico se acercó hacia él, se presentó y, tal vez porque ninguno de los dos llevaba uniforme, extendió su mano. El comisario la estrechó sin fuerza.

——Ya está todo resuelto, Vaslo ——dijo con voz levemente estridente y acompañada de un ademán

nervioso de su cuerpo. ——Sólo tenemos que esperar.

Domenico lo miró, silencioso. Llevaba muchas horas esperando.

——Es un asunto sumamente importante ——siguió el comisario. Sólo podía explicárselo personalmente, por razones de seguridad y para no levantar suspicacias. No quería que el curso de la vida fuese alterado. Se trata de un traidor ——murmuró, excitado, ——un espía. Les cogeremos con las manos en la masa°. No se escaparán. Llevan consigo un importante documento, que les compromete sin reservas. Ha sido un buen trabajo. Llevan operando desde hace años con mucha cautela° y al fin han sido descubiertos. Estamos protegidos, no se preocupe. Esos hombres se encargarán de todo ——señaló con la mirada a tres hombres altos y fuertes, detenidos en mitad del andén.

Les ... masa we'll catch them red-handed

con ... cautela very cautiously

El comisario habló, después, de las redes de espionaje internacional, de los secretos asuntos de Estado, de pactos, alianzas y operaciones extraordinarias. Vaslo caminaba al lado del comisario, levemente inclinado hacia él, para entenderlo mejor. Era más alto y más fuerte, pero se sentía disminuido. No acababa de dar crédito° a lo que escuchaba. ¿El comisario general estaba insinuando que Koothar había dado cobijo a un traidor? Y no sólo eso: había sido desenmascarado° sin su colaboración. ¿No era ése su distrito? ¿Cómo, pues, no se le había tenido al tanto° de todo? Se le avisaba ahora, al final, para presenciar el espectáculo, como a un simple observador. La visita del comisario, hasta el momento sólo inoportuna, se convertía ahora en un insulto. Herido y taciturno, Domenico caminaba junto al comisario, sin osar despegar los labios.°

No ... crédito *no creía*

desenmascarado unmasked

al tanto *informado*

sin ... labios *sin atreverse a hablar*

A las cuatro, las luces de la estación se encendieron y, a lo lejos, también la ciudad se iluminó. El campo adquirió un reflejo azulado.

——No debe de ser muy interesante la vida aquí ——dijo el comisario, deteniéndose frente a la ciudad. ——Tengo entendido que hay excelente pesca. A quien le guste ——añadió.

Domenico no contestó.

——Yo nací en Lathi ——dijo repentinamente el comisario en tono confidencial. ——Un hermoso paisaje, no lo niego, pero una vida monótona, sin futuro.

Golpeó el musculoso brazo de su subalterno y propuso:

——Entremos en la cantina a tomar una copa. Estamos de servicio°, pero es domingo, y, al fin y al cabo, la operación no la vamos a realizar nosotros.

Su tono era tajante°, hermético.

——Estoy deseando que llegue ese tren ——dijo, ante las copas. ——Dos horas pueden transcurrir muy despacio.

——Estoy aquí desde las nueve de la mañana ——dijo Domenico suavemente.

——¡No me diga! ——comentó, sorprendido, el comisario, y volvió a dar una palmada sobre su brazo. ——Se ha portado usted bien, muy bien. Ya es el momento de recoger los frutos.

Domenico, callado, miró a la mujer tras el mostrador. Ella tenía una actitud reservada, que contrastaba con su curiosidad de la mañana.

——Son especialistas ——decía el comisario. ——Ellos se encargan de todo. Nosotros no tenemos más que detenerlos. Ponerles las esposas. Un trabajo limpio ——concluyó, frotándose las manos°. ——Vamos fuera ——dijo, cuando faltaban pocos minutos para la llegada del tren.

Domenico lo siguió con curiosidad. A pesar de su despecho°, no podía evitar sentir interés y emoción. Le molestaba tener que quedarse con el comisario cuando por su fuerza física hubiera podido encontrarse junto a los hombres que iban a actuar. Por un momento, sintió nostalgia de la guerra y de las energías y las ilusiones que habían acompañado aquellos años.

de servicio   on duty

tajante   short, cutting

frotándose las manos   rubbing his hands

despecho   resentment

——Ya está aquí ——dijo el comisario, mientras escuchaban el silbato y el traqueteo de la máquina y una nube de humo los envolvía.

Cuando el tren se detuvo y las puertas de los vagones se abrieron, muchas personas descendieron. Producían el bullicio° habitual de los excursionistas: risas, canciones, gritos, como si todavía se encontraran en medio del campo. Pero, de repente, se escuchó un tiro y un silencio espantoso se extendió por el andén rebosante° de gente. Inmediatamente, nuevos tiros. Unos gritos ahogados. Luego, todo el mundo empezó a correr y en unos segundos el andén quedó desierto. Menos aquellos hombres en el suelo, inmóviles, y los que, de pie, los observaban. El comisario, muy pálido, tampoco se movía. Domenico lo empujó.

——Vamos a ver ——dijo.

Había dos hombres tendidos justo debajo del rótulo° de la estación, y estaban muertos. Domenico se inclinó. Uno de ellos era Fiejld. El otro era desconocido para él. El comisario, con débil voz, preguntaba qué había sucedido, por qué se había disparado contra ellos. Fiejld tenía una pistola en la mano. Había intentado defenderse.

——Es nuestro médico ——murmuró, atónito° y dolorido, Domenico.

——Efectivamente ——dijo, a sus espaldas, el comisario. ——Le hemos estado vigilando desde hace años, preparando este momento. Hay que registrarles ——mandó a los hombres que, después de dar las explicaciones requeridas, permanecían quietos, imperturbables.

Los documentos comprometedores no los tenía Fiejld, sino el desconocido.

——Muy bien ——dijo el comisario, tomándolos. ——Encárguense° de todo lo demás.

El comisario empujó levemente a Domenico y juntos atravesaron el edificio de la estación. La temperatura había descendido varios grados. El comisario se quejó del frío y dijo algo sobre la dificultad de

bullicio uproar

rebosante overflowing

rótulo *letrero*

atónito shocked

Encárguense take care of

andar sobre el suelo helado. Un taxi los llevó a la ciudad.

——Fiejld ——murmuró Domenico, desconcertado, ——¿cómo podía ser él un traidor?

——No se puede fiar uno de la gente ——dijo el comisario, más calmado, pero todavía con la voz algo trémula°.

——¿No cree que ha podido ser una equivocación? ——preguntó, sincero y pensativo, Domenico.

——Teníamos todas las pruebas. Era un enemigo del gobierno ——sonrió imperceptiblemente, y puso su mano sobre el brazo de Vaslo. ——Está usted impresionado, es lógico. Ya se le olvidará.

Domenico se despidió del comisario. Entró en su casa y se dejó caer en su butaca. ¿Qué había sido de Oalto? ¿No era, sin duda, él, quien durante aquellos meses había vigilado a Fiejld, acosándole, ganándose su confianza, hasta conducirle a aquel punto, a aquella trampa?

Sintió un temblor en todo su cuerpo. Ni siquiera durante la guerra había temblado así. En un rincón estaban los aparejos de pescar y la mochila. En el armario, recién planchado, el traje que hubiera debido llevar a casa de los Fiejld.

——Traidores ——susurró, incrédulo todavía.

trémula shaky

Preguntas

1. ¿Qué posición ocupaba Domenico Vaslo en Koothar y cuál era su pasatiempo favorito?

2. ¿Cómo consideraban a Domenico los habitantes del pueblo?

3. ¿Qué día planeaba Domenico irse de pesca con sus amigos? ¿Cuándo comenzó a hacer los preparativos?

4. ¿Cómo era su equipo y por qué le hacía sentirse satisfecho?

5. ¿Quién era Fiejld? ¿Quién era Oalto? ¿Por qué Fiejld y Oalto buscaban la compañía de Domenico?

6. ¿A quiénes había invitado a cenar la Señora Fiejld? ¿Dónde sería la cena? ¿Qué importancia tenía para Domenico esa invitación de los Fiejld?

7. ¿Conocía Domenico al Comisario General personalmente? ¿Pudo él saber en qué tren y a qué hora venía su jefe?

8. ¿Llegó el Comisario General en el tren de Kouvol por la mañana? ¿Cuánto tiempo esperó Domenico?

9. Describa brevemente cómo estaba la estación de trenes de Koothar al anochecer de aquel domingo.

10. ¿Cómo era el Comisario General? ¿Pudo reconocerlo Domenico?

11. ¿De qué asunto comenzó a hablar el Comisario General con Domenico? ¿Qué efecto le causaron a éste esas noticias?

12. ¿Qué sucedió al llegar el tren de las cinco? ¿Cómo reaccionó Domenico ante los hechos?

13. ¿Esperaba usted este final? Comente brevemente sobre la construcción y el suspenso en este cuento.

14. ¿Qué trabajo tenía Fiejld? ¿Lo hubiera hecho usted? Razone su respuesta.

15. ¿Hubiera usted hecho lo que hizo Oalto? ¿Por qué?

Temas

1. Describa las emociones que debe haber sentido Domenico al conocer las actividades secretas de sus dos amigos. ¿Eran verdaderos amigos?

2. Nadie puede ignorar la importancia de la estación de trenes en las pequeñas comunidades. Comente la razón de esa importancia.

3. La pesca sirve como pasatiempo y también oficio. ¿Ha conocido usted personalmente algún pescador? ¿Sabe de algún hombre famoso aficionado a la pesca? ¿De un vecino o familiar?

4. Comente las actividades de los espías. Mencione algún espía notable que usted haya oído nombrar.

Ejercicios

A. Redacción

Escriba oraciones completas con diez de las palabras o frases siguientes.
Puede usar más de una en la misma oración.

aparejos	aficionado	despacho
por la noche	inseparable	reserva
proveer	desconcierto	madrugar
mermelada	a paso lento	puntualmente
estridente	espionaje	¡no me diga!

B. El pretérito pluscuamperfecto

El pretérito pluscuamperfecto de indicativo expresa generalmente una
acción en el pasado anterior a otra acción también pasada. Complete las
siguientes oraciones, empleando el pluscuamperfecto de los verbos que
aparecen entre paréntesis.

1. Domenico (empezar) a preparar su día de pesca, el viernes por la
   noche, antes de acostarse.

2. Hacía medio año que un joven ingeniero (llegar) a Koothar para
   colaborar en las obras del puente.

3. El Comisario General (enviar) un cable anunciando su llegada.

4. Los campesinos (madrugar) para aprovechar bien el día.

5. El comisario sintió nostalgia de las ilusiones que (acompañar) los
   días de su juventud.

6. Fiejld tenía una pistola en la mano, porque (intentar) defenderse.

7. La temperatura (descender) algunos grados aquella noche.

8. Oalto (ser) quien lo (vigilar) durante todos esos meses.

9. Ni siquiera durante la guerra Domenico (temblar) así.

10. Todo (suceder) en un minuto, inmediatamente después de la lle-
    gada del tren de las cinco.

C. Sustituir por frases equivalentes

Escriba nuevas oraciones sin cambiar el sentido de las siguientes. Sustituya las frases subrayadas por frases equivalentes. Las otras palabras de la oración también se pueden cambiar.

Modelo: Producían el bullicio habitual de los excursionistas.
　　　　Producían el ruido acostumbrado de los excursionistas.

1. Hizo un alto en su trabajo.

2. Quería que el tiempo transcurriera veloz.

3. Se habían convertido en amigos inseparables.

4. Todos los planes se habían echado a rodar.

5. No acababa de dar crédito a lo que escuchaba.

MARINA MAYORAL

Gallega muy arraigada espiritualmente a su tierra natal, Marina Mayoral nació en Mondoñedo, provincia de Lugo, en 1942. Es autora de numerosos trabajos de investigación y crítica literaria, entre los que se destacan principalmente los dedicados a Rosalía de Castro y Emilia Pardo Bazán. Su obra narrativa, escrita en castellano y en gallego, abarca un nutrido conjunto de novelas y cuentos, muy bien acogidos por la crítica. Doctorada en Lenguas Romances de la Universidad Complutense, es Profesora Titular de Literatura Española en la Facultad de Filología de esa universidad madrileña.

Entre sus narraciones en español podemos mencionar sus novelas *Cándida otra vez* (1979), que recibió el segundo premio del concurso Ámbito Literario de Barcelona; *Al otro lado,* que obtuvo el Premio Novelas y Cuentos 1980; *Plantar un árbol,* ganadora del Premio Gabriel Sijé de novelas cortas ese mismo año; *La única libertad* (1982); *Contra muerte y amor* (1985), y la colección de relatos cortos *Morir en sus brazos y otros cuentos* (1989). También ha recibido los Premios Hucha de Oro 1982 y Primer Premio de la Caja de Ahorros de León por algunas de sus historias breves.

Marina Mayoral es maestra en la creación de personajes de gran fuerza y verosimilitud. Mujer de exquisita sensibilidad y de gran calidad humana, su obra refleja su hondo sentir. Sabe narrar con fluidez y elegancia, al tiempo que sazona sus historias con agudeza y humor. Posee asimismo cierto sosiego espiritual que le permite tratar directamente la emoción y la ternura, manteniéndose a distancia del patetismo.

Sus novelas integran un mundo coherente en que los personajes aparecen y reaparecen de una a otra obra. Este universo literario tan suyo, centrado en la ficticia ciudad de Brétema, condensa y refleja características de numerosas poblaciones de su Galicia natal. Muerte, violencia, corrupción, ambición de poder, incomunicación humana, al mismo tiempo que un ansia infinita de amor y comprensión, generan los profundos conflictos que surgen en su ficción.

Aunque sus ambientes son generalmente realistas, con frecuencia tienen un toque de misterio, en que la narradora muestra su habilidad para manejar asimismo lo legendario, tan arraigado en su tierra gallega.

El cuento aquí incluido, «El asesino y la víctima»*, es una excelente muestra de su arte de narrar con gran naturalidad y penetrante agudeza psicológica. Presenta en trazos muy vívidos una situación muy actual, típica de la sociedad de nuestro tiempo, llena de tensiones, inseguridad y angustioso dramatismo, que los lectores sabrán apreciar en toda su intensidad.

Morir en sus brazos y otros cuentos. (Alicante: Editorial Aguaclara) 1989.

El asesino y la víctima

Primera parte

Lees la noticia en el periódico y piensas: no se puede vivir así, hay que poner remedio a esto, hacer algo. Pero no hay nada que hacer, todo es inútil, ahora lo sé. Oyes unos pasos a tu espalda y te cambias de acera estúpidamente, el que te sigue es uno como tú, muerto de miedo, si fuese de otro modo de qué te serviría cruzar la calle y apretar el paso°; siempre son más rápidos que tú, más decididos, lo mismo con las puertas blindadas° o los cerrojos, ni siquiera en casa puedes estar seguro. Te encierras con todo cuidado y el otro está ya dentro, escondido en la oscuridad, siempre más hábil que tú, más acostumbrado a usar la navaja°, más diestro° con un arma de fuego, sin darte tiempo a coger esa pistola que escondes bajo llave vergonzosamente en la mesa del despacho, en el cajón de la cómoda, al fondo del armario entre los calzoncillos y los calcetines, para qué, nunca llegarás a tiempo, el otro está detrás de la puerta, detrás de la cortina de la ducha, en el armario del hall entre los abrigos, esperando a que tú cierres bien la puerta, como un imbécil, riéndose en silencio de tus precauciones y tu miedo, sabe que estás solo, como todas las tardes, como todas las noches, esas largas noches de invierno que empiezan cuando los demás salen del trabajo y se van a sus

apretar el paso hurry

puertas blindadas armored doors

navaja folding knife
diestro *experto*

Nota: Este cuento aparece dividido en tres secciones para facilitar su estudio. Las preguntas a continuación están igualmente divididas en tres partes. Esta división es nuestra, no de la autora del relato.

casas a reunirse con su familia, y tú enciendes las
luces del recibidor y das una vuelta por el piso, una
ojeada rápida a las habitaciones, a los baños, por si la
asistenta se ha dejado un grifo abierto, una ventana
mal cerrada. Sabes que es un pretexto, estás com-
probando que no está ya dentro antes de volver a la
entrada y echar el cerrojo, manías de solitario, te
dices para tranquilizarte; es tan fácil entrar por la
ventana del baño de servicio, bastaría un tablón° **tablón** board
desde esa otra de enfrente, la de doña Emilia, que
también vive sola, o desde la terraza, o, más fácil
aún, las llaves del portero. Les ha puesto un rótulo
para dar más facilidades y las cuelga en un panel,
perfectamente visible desde el portal, de qué vale
una puerta blindada, no se puede decir que estés
registrando la casa, el paseo te sirve al mismo tiempo
para encender algunas luces: la de la cocina, la lámpara del pasillo que disipa esas sombras del fondo,
pones la tele sin voz, aprietas la tecla del tocadiscos
ya preparado de antemano, así la casa va perdiendo
su aspecto deshabitado. Cuando vuelves a la sala con
el vaso de whisky o la ginebra, el rincón del sofá tiene
un aire casi íntimo, personal, te sientas cómodamente, bebes despacio, oyes música, lees, a veces
miras lo que pasa en la pantalla del televisor; estás a
gusto, pero de pronto algo llama tu atención, te fijas
en el polvillo negro que cae por la chimenea, esa
chimenea que nunca enciendes porque la calefacción es demasiado fuerte, agobiante, calefacción de
viejos o de hospitales, la chimenea sólo la usas como
repisa° para los retratos de los padres con el marco **repisa** shelf
de plata antigua y el reloj de bronce. Ha caído polvo,
no hay duda y antes, te das cuenta, ha habido un
ruido, justo en el momento en que el disco se acaba y
el brazo mecánico del aparato va y viene para empezar de nuevo, un ruido raro como de un animal
reptante°, algo pesado y grande que se arrastra, y **reptante** crawling
después otra vez la lluvia negra, silenciosa, que cu-
bre de polvo la plancha de la chimenea....
   Cuando lo lees en los periódicos piensas: un tío° **tío** guy
con lo que hay que tener, o un cochino fascista acos-

tumbrado a matar. Casi siempre se organiza polémica. Para unos habré hecho bien defendiéndome, para otros seré un asesino, sin matices°, pura y simplemente un asesino, y él, el que ha entrado en mi casa descolgándose por la chimenea, una víctima. Cuando sucede no puedes pensar, no hay tiempo, siempre es así, no valen precauciones, aparecen donde menos los esperas, como una araña, no sabes de dónde ha salido y de pronto está allí, negra y peluda sobre la pared blanca, siempre silenciosa, sólo a veces por la noche un leve ruido, un plof blando anuncia su presencia, se ha dejado caer desde el techo, se ha descolgado, enciendes la luz y está sobre la colcha con las patas extendidas, o más cerca aún, sobre el embozo° de la sábana, lo mismo, el tiempo de un pestañeo° y allí estaba, sobre la plancha de la chimenea, agazapado°, dispuesto a abalanzarse° sobre mí, se incorporó, abrió los brazos y entonces disparé.

Nunca he matado una araña. Cuando yo era pequeño mi padre se encolerizaba° y acusaba a mi madre de mimarme° y de estarme convirtiendo en una niña, pero yo no podía hacerlo, incluso muertas me daban miedo: las patas replegadas°, el cuerpo viscoso y negro…. Me quedé mucho rato inmóvil con la pistola en la mano, mirándolo: un líquido oscuro se fue acumulando junto a la chimenea hasta formar un charco°. Pensé que iba a pasar al piso de abajo, estas casas viejas tienen el parqué muy desgastado; creo que fue lo primero que pensé: que iba a gotear en la casa del farmacéutico a través de los intersticios de la madera. Eso me hizo reaccionar, guardé la pistola en el bolsillo y fui a buscar toallas grandes de baño. Son del ajuar° de mi madre, de algodón blanco, muy puro. Las dejo caer sobre el charco y al verlas teñirse de rojo pienso que lo he matado, que he matado a un hombre, aunque mejor debería decir a un ladrón o a un asesino. No sé qué hacer. Las toallas empapan° la sangre y yo pienso vagamente eso que piensas cuando lees la noticia en los periódicos: la pistola era de mi padre, un héroe

sin matices unconditional

embozo upper fold of bedsheet
pestañeo blink
agazapado crouching
abalanzarse rush at

se encolerizaba got angry
mimarme pamper me

replegadas folded up

charco puddle

ajuar trousseau

empapan soak up

de la guerra, la gente normal no tiene armas en casa, sobre todo no las lleva encima°, en el cajón es inútil, no sirve para nada, y está además lo de tía Gertrudis, quién no tiene un loco en la familia, pero las circunstancias van sumando cargos°, salen a relucir cosas absurdas: que vives solo, que tienes una pistola y el otro no va armado. Me acerco para comprobarlo, lo toco primero con el pie y después me arrodillo a su lado, el cuerpo está aún caliente, lleva un mono° azul muy sucio, para qué necesita armas, le basta con sus manos, si el disco no llega a pararse justo en aquel momento ni le hubiera oído bajar, se escondería detrás de la puerta, detrás de las cortinas, detrás del sofá, alargaría° las manos hasta mi cuello, apretaría hasta asfixiarme, siento que me falta el aire, no me atrevo a abrir la ventana por temor a que alguien vea lo que está pasando, me aflojo el cuello de la camisa, en los bolsillos lleva una cajetilla de Ducados, un mechero de propaganda y un pañuelo de color, en la muñeca izquierda un reloj japonés, ostentoso°, y al cuello una cadena de oro y una medalla con un nombre y una fecha: una medalla de primera comunión, como la mía.

Los asesinos de las películas o de los relatos de terror enseguida se desembarazan del° cuerpo muerto: lo entierran en el jardín, lo trocean°, lo queman o lo meten en grandes sacos que luego arrojan al mar. Pero yo no soy un asesino, soy la víctima, he sido asaltado, atacado en mi propia casa, es allanamiento de morada° con agravante° de nocturnidad, aunque eso quizá no lo considerarían porque son sólo las ocho de una oscura tarde de invierno; dirán que soy un histérico, un neurótico, sacarán a relucir la historia de tía Gertrudis. Tengo que pensar con calma, reflexionar y no puedo hacerlo con ese hombre caído en medio del salón. Busco una manta y lo arrastro pasillo adelante hasta el dormitorio de mis padres, el armario está casi vacío, sólo los uniformes de papá, las botas, el sable, meto allí el cuerpo envuelto en la manta y cierro la puerta, las toallas las lavo en la lavadora y en el

no … encima not on them

cargos charges

mono overall

alargaría stretch, reach out

ostentoso showy

se desembarazan de get rid of
trocean *cortan en pedazos*

allanamiento de … forced entry
agravante additional charge

aclarado° el agua sale ya limpia. Cuando vuelvo al
salón se diría que no ha pasado nada, que todo ha
sido una pesadilla, un mal sueño. Decido que lo
mejor es no tomar la iniciativa, cuando vengan a
pedirme explicaciones las daré: yo estaba en mi casa
pacíficamente, he sido atacado, me he defendido y
he vuelto a dejar las cosas como estaban, es fácil de
entender, pero no quiero testigos indiscretos: llamo
por teléfono a la asistenta y le digo que no venga,
que salgo de viaje y que la avisaré a mi vuelta.

aclarado   rinse

Segunda parte

A la mañana siguiente voy a la Institución como
todos los días, durante toda la jornada espero que
aparezcan a detenerme, que ese desconocido que se
acerca me enseñe una tarjeta, una chapa de policía,
que al llegar yo a casa el portero les diga: ése es. Pero
no pasa nada, ni al día siguiente, ni al otro. Al ter-
cero, el hedor° se extiende por toda la casa. No me
atrevo a abrir las ventanas por miedo a que alguien
más lo advierta. Cubro las rendijas° del armario con
un esparadrapo° ancho y la situación mejora un
poco. Al cabo de una semana me decido a tapiar° el
armario. No es una tarea fácil, tengo que aprovechar las horas en que la portería está vacía para traer
a casa los ladrillos, la escayola, las herramientas y
útiles° necesarios, y además está la cuestión del olor:
por precaución trabajo con las ventanas cerradas y,
aunque me protejo la nariz con algodones, las náu-
seas me obligan a interrumpir la tarea y a salir con
frecuencia a la terraza para airearme un poco y
serenarme°. Aun a riesgo de despertar sospechas
retiro la llave de la portería, el portero es un entre-
metido° que a fuerza de preguntar por la asistenta
me ha obligado a urdir° una historia estúpida, una
de esas historias que cualquier fiscal utiliza para
demostrar que es un crimen premeditado: le dije

hedor   *mal olor, peste*

rendijas   cracks
esparadrapo   adhesive tape
tapiar   board up

herramientas ...   tools and supplies

serenarme   calm down

entremetido   meddler
urdir   invent, dream up

que la había despedido porque había echado en falta° algunas cosas de valor. Me desazona° esa mentira y me excedo en la indemnización a la asistenta y en explicaciones innecesarias, le digo que voy a contratar a un mayordomo° porque necesito alguien por las noches en casa, también de eso sacarían consecuencias erróneas.... No me importaría dar la cara° si tuviera la seguridad de ser juzgado rectamente: yo estaba en mi casa, no hice nada más que defenderme, proteger mi vida y después mi intimidad, no soy un criminal, siempre he respetado las leyes, ni siquiera me gusta cazar, nunca he matado un animal, ni una araña. Él entró a robar, siempre es así, buscan dinero, objetos de valor, pero la vida humana no tiene valor para ellos, la vida ajena, no les importa matar por unos billetes, o por nada, porque los han descubierto o porque les defrauda el botín°, pasa todos los días. Entran en la casa con cualquier pretexto y vuelven para robar, y si algo sale mal, matan. Eso fue lo que pasó: los vecinos del quinto querían encender la chimenea, son muy viejos y dicen que tienen frío por las noches. El portero busca a alguien que limpie el tiro°, no es un deshollinador° sino alguien que hace de todo, chapuzas°, así entra en las viviendas y sube al terrado°, con eso le basta para darse cuenta de la situación: pisos antiguos con buenos muebles, ancianos achacosos°, viejas solitarias, sin servicio o con una criada vieja, una presa fácil, para qué necesita armas, le basta con las manos, una almohada contra la cara del viejo hasta que cese de removerse°, ni siquiera parece un crimen, dirían que fue un infarto°, pero yo tenía la pistola, con eso no contaba, no le di tiempo a acercarse, a lanzarse contra mí, dirán que disparé sobre un hombre desarmado, lo diría incluso mi padre, indefenso dirán, y contarán todo eso que cuenta el portero.

El arreglo del dormitorio de mis padres me ocupó muchos días. Delante del armario puse la librería del pasillo y añadí una mesa camilla, una lámpara de estilo moderno y un sofá. Ya metido en obras re-

había … falta   were missing
desazona   *molesta*

mayordomo   male head servant (majordomo)

dar la cara   to face the consequences

botín   loot

tiro   draft (of chimney)
deshollinador   chimney sweep
chapuzas   slipshod work
terrado   roof

achacosos   sickly

cese de removerse   stops moving
infarto   heart attack

mocé° un poco el resto de la casa. Los trabajos de   **remocé** fixed up
decoración me ayudaron a superar la primera
etapa, a distraerme del temor de ser descubierto.
Tenía la engañosa sensación de que todo el mundo
estaba pendiente de mis actos y eso me llevó a extre-
mar las precauciones y a complicarme la vida inútilmente. Con el paso del tiempo me convencí de que
nadie había notado ningún cambio en mi conducta y
de que nadie se interesaba por la suerte del ladrón.
Poco a poco fui volviendo a mis hábitos de siempre, a
mi rutina, con algunas pequeñas innovaciones:
tengo una asistenta nueva y por las noches me quedo
a leer y a oír música en el antiguo dormitorio de mis
padres, es más caliente que la sala, más recogido° e   **recogido** secluded
íntimo. Ya no pienso en el ladrón con miedo, ni con
odio por el trastorno° que ha causado en mi vida,   **trastorno** disturbance
tampoco con remordimiento, desde luego; pienso
que hice lo que debía hacer, era su vida o la mía, no
pretendo que la mía sea más valiosa, ni mucho
menos, pero yo por lo menos no me dedico a asaltar
viviendas por la noche, es absurdo pensar que a esas
horas estuviera limpiando la chimenea, a las ocho o
quizá más de una tarde oscurísima de invierno.

Tercera parte

El portero me ha preguntado si mi chimenea tira°   **tira** draws
bien, los del quinto siguen quejándose de que hace
humo, y hay que buscar a alguien que la limpie de
nuevo, se limpió el año pasado, me dice, él conocía al
tipo que lo hizo, un buen hombre un poco raro, vivía
con su madre, al portero le gusta husmear° en las   **husmear** to pry into
vidas ajenas, desde que ella murió, dice, andaba
descentrado°, ni siquiera volvió a cobrar° y se dejó en   **descentrado**
la terraza un gancho y el saco de arena, una chapuza,   disoriented
cobrar to collect
un año y vuelta a limpiar, pero era un buen hombre,
el portero habla de él en pasado, igual trabajaba en
domingos que en festivo, o se quedaba hasta las doce

de la noche o se marchaba sin acabarlo, muy desordenado, desde que murió la madre andaba desnortado°, no se podía contar con él para un trabajo fijo, iban a buscarlo y no estaba, como ahora, más de un año que no se sabía de él, un desastre, el portero está fastidiado° porque tiene que buscar a alguien que le limpie la chimenea, ha ido varias veces a casa del ladrón, pero ya no vive allí, quizá se haya ido al pueblo, dice, como no tenía mujer ni hijos que mantener se iba cuando quería, un tipo raro, no se puede contar con él, cuando más falta hace te falla° ... Lo mismo pensarán de mí en la Institución, les molesta que me vaya en febrero, cuando hay más trabajo, dicen, o que de vez en cuando pida un permiso por asuntos propios, sin sueldo, no tienen en cuenta que son mis vacaciones, que estoy en mi derecho; yo no soporto las aglomeraciones, el gentío°, necesito de vez en cuando un respiro, me gusta pasear por la playa tranquilamente, sin niños ni perros ajenos, me gusta el sol de invierno, tan tibio y un cuerpo joven junto al mío, algunos días al año, cuando yo quiero....

Estoy seguro de que entró a robar, pero a veces por la noche, cuando no duermo, me imagino que he matado a un pobre hombre que estaba limpiando mi chimenea, un tipo raro, un solitario que vivía con su madre, que llevaba al cuello la medalla de la primera comunión que ella le había puesto cuando era niño. Y otras veces imagino que no le oigo bajar, que me estrangula con sus manos peludas° y negras, que arrastra mi cuerpo chimenea arriba y lo mete en el saco que tiene preparado, que me entierra en un descampado y nadie vuelve a saber nada de mí. En la Institución llamarían por teléfono dos o tres días, incluso enviarían a alguien a preguntar a casa, el portero coge las llaves y sube a mirar: todo está en orden, es un tipo raro, diría, nunca se toma las vacaciones en agosto como todo el mundo. La Institución avisaría a la policía dejando en sus manos el asunto, no quieren mezclarse, es una buena persona, dirían discretamente, soltero, no se sabe que

desnortado *desorientado*

fastidiado angry

cuando ... falla lets you down at the worst time

gentío crowds

peludas hairy

tenga parientes cercanos ni amigos íntimos, vivía con su madre hasta que ella murió, un poco raro. El caso se archivará° pronto. Y así una noche y otra. Me gustaría que hubiera alguien que me echara de menos°, que llorase mi ausencia: un compañero, un amigo, alguien dispuesto a luchar, a no resignarse, a arrostrarlo todo° por encontrarme, por saber qué ha sido de mí, por recuperar al menos mi cuerpo. Pero no hay nadie. Ni siquiera ese policía de las películas o las novelas, el tipo honesto que no ceja°, que no acepta la versión oficial, que sigue investigando y encuentra el cepillo y el gancho colgado de la chimenea y huellas de obras recientes en la casa. Nada.

Un día lo lees en el periódico, distraídamente, son noticias de prensa amarilla° que sólo se destacan en periódicos que tú no lees: han aparecido unos huesos humanos al derruir una finca, o al excavar en un solar, no se sabe a quién pertenecen, no se sabrá nunca, junto a los huesos ha aparecido una medalla de oro con una fecha y un nombre que no significan nada para nadie.

se archivará   will be filed

me ... menos   miss me

arrostrarlo todo   to face anything

que no ceja   who never gives up

prensa amarilla   yellow journalism (sensationalized reporting)

Preguntas

A. Primera parte

1. ¿Cuál es el punto de vista de esta narración?

2. ¿Qué hace el protagonista cuando siente pasos detrás de él en la calle?

3. ¿Cómo teme él que sería el ladrón que entrara en su casa?

4. ¿Qué suele hacer el protagonista cada vez que regresa del trabajo?

5. ¿Cómo se imagina él que podría entrar un ladrón en su piso?

6. ¿Cómo guarda el portero las llaves de los distintos pisos del edificio?

7. ¿Qué hace el hombre para que la casa pierda su aspecto deshabitado?

8. ¿Por qué nunca enciende la calefacción?

9. ¿Qué oye y qué ve este hombre la noche de los hechos? ¿Qué hace entonces?

10. ¿Cómo imagina las opiniones contradictorias de los que leyeran el suceso, si saliera en el periódico?

11. ¿Con qué animal compara al hombre que entró en su piso? ¿Por qué?

12. ¿Qué hacía este hombre en el momento en que él le disparó?

13. ¿Qué hizo para ocultar su crimen?

14. ¿Qué costumbres o hechos de su vida imagina él que usaría la policía en contra suya si lo juzgaran?

15. ¿Cómo iba vestido el hombre que entró por la chimenea? ¿Llevaba armas? ¿Qué tenía en los bolsillos?

16. ¿Piensa el protagonista que se ha convertido en un asesino? Explique su respuesta.

17. ¿Qué guardaba en el armario?

18. ¿Cómo evita tener testigos de lo que hay en su casa?

B. Segunda parte

1. ¿Qué teme el protagonista cuando vuelve a su trabajo al día siguiente? ¿Lo arrestan?

2. ¿Qué ocurre al tercer día del crimen? ¿Y después de una semana?

3. ¿Qué precauciones toma para que el portero no lo vea traer los materiales que necesita?

4. ¿Cómo justifica él ante el portero el despido de la asistenta? ¿Por qué le preocupa lo que ha dicho? ¿Qué hace para aliviar la situación?

5. ¿Por qué teme presentarse ante la policía y confesar lo que ha hecho?

6. ¿Cómo justifica su crimen? ¿Por qué a veces no puede dormir?

7. ¿Por qué y cómo había caído por la chimenea el hombre asesinado?

8. ¿Qué cambios hizo el protagonista en el dormitorio de sus padres? ¿Cómo renovó el resto de la casa?

9. ¿Cómo era el estado de ánimo del protagonista al principio? ¿Cómo cambió después?

10. Cite dos datos que indiquen que la vida del protagonista ha vuelto a la normalidad.

11. ¿Qué característica del protagonista revela su preferencia por la nueva sala que ha arreglado en el antiguo dormitorio?

C. Tercera parte
1. ¿Cuánto tiempo ha transcurrido desde el momento del crimen?

2. ¿Cómo se entera el protagonista de quién era el hombre a quien mató?

3. ¿Era el hombre un ladrón que venía a robar como él creyó? ¿Cómo era el hombre y qué hacía?

4. ¿Por qué piensan en la institución donde trabaja que el protagonista es un hombre raro?

5. ¿En qué se parece su vida a la del muerto?

6. ¿Qué imagina él que ocurriría si él desapareciera?

7. ¿Cómo se descubren estos crímenes generalmente?

8. ¿Quién cree usted que es la víctima? ¿Piensa usted que hay más de una víctima?

Temas

1. ¿Considera usted que el protagonista es realmente un asesino? Describa los rasgos psicológicos de su carácter.

2. ¿Ha experimentado usted alguna vez el temor de ser asaltado? Descríbalo.

3. ¿Cómo acostumbra la gente proteger sus casas en estos tiempos? Si usted tuviera miedo de que alguien entrara en su casa, ¿qué medidas tomaría?

4. ¿Cuáles son las circunstancias que determinan la psicología del personaje? ¿Considera usted que esas circunstancias son comunes a muchas personas en estos tiempos? Comente la inseguridad personal en la sociedad actual.

5. ¿Qué papel juega la prensa amarilla en crear un ambiente de tensión, alarma y desconfianza? Cite algunos ejemplos de los tiempos actuales o de la historia.

6. ¿Piensa usted que en otros tiempos era más segura y serena la vida? ¿Cómo cree que podría resolverse o mejorarse esta situación, que parece prevalecer en todo el mundo?

7. ¿Cuál cree usted que sea el propósito de la autora al dejar sin nombres a los personajes?

Ejercicios

A. Surtido de palabras

Busque tres palabras que aparezcan en este cuento referentes a piezas de ropa; tres referentes a armas; y tres referentes a partes de la casa. Escriba oraciones empleando esas palabras.

B. Frases equivalentes

Dé un equivalente (palabra o frase) de cada una de las siguientes expresiones:

1. apretar el paso

2. el tiempo de un pestañeo

3. mi padre se encolerizaba

4. tomar la iniciativa

5. echar en falta

6. ancianos achacosos

7. le gusta husmear en las vidas ajenas

C. Comparaciones

Complete las oraciones comparativas con algún elemento similar que aparezca en el cuento. Observe especialmente las palabras en letra cursiva (*italics*).

1. Los asaltantes son *más* decididos _____

2. Las toallas están *más* empapadas _____

3. El portero tiene *tantas* llaves _____

4. El sofá es *menos* pesado _____

5. Matar es siempre *peor* _____

6. El protagonista es *tan* raro _____

7. La decoración del piso ahora es *mejor* _____

8. El hombre no era *tan* divertido _____

9. La calle en estos tiempos es *menos* segura _____

10. Antes la gente no era *tan* desconfiada _____

BERNARDO ATXAGA

Poeta, narrador y dramaturgo, Bernardo Atxaga, seudónimo literario del escritor vasco Joseba Irazu, está considerado por la crítica como uno de los máximos representantes del auge alcanzado en las dos últimas décadas por las letras de esa región española, que había tardado en incorporarse a la corriente de las literaturas europeas contemporáneas.

Atxaga, nacido en 1951, inició sus trabajos literarios en los comienzos de la década de los 70, y, a partir de entonces, ha mantenido una constante actividad creadora, en ritmo creciente, que abarca una variada producción. Ha publicado una colección de poemas, *Etopía* (1976); un par de novelas cortas, *Ziutateaz* (De la Ciudad, 1976) y *Bi anai* (Dos Hermanos, 1985) y en 1982 un relato «Camilo Lizardi erretorearen etxean aurkitutako gutunaren azalpena» (Explicación de la carta encontrada en la casa del párroco Camilo Lizardi). Además, ha fundado revistas literarias como *Pampina Ustela* y *Bott*.

Su libro *Obabakoak*, escrito originalmente en vascuence y traducido por el propio Atxaga al castellano, es hasta ahora la culminación de su obra. Describe el mundo un tanto mítico de Obaba, la tierra imaginaria creada por Atxaga, que refleja en cierto modo el ámbito rural de su tierra vasca, al tiempo que resume las esencias de su vasta experiencia literaria universal.

El crítico Felipe Juaristi, en su ensayo «Literatura Vasca», publicado en la Colección Literatura y Sociedad del Ministerio de Cultura de España, en el número correspondiente a *Letras Españolas 1988,* afirma que este libro de Atxaga *Obabakoak,* "resume casi por sí solo la actividad literaria durante el año 1988".

La edición española apareció en noviembre de 1989 y en apenas cinco meses alcanzó cuatro reimpresiones. Con ella ganó Atxaga el Premio Nacional de Narrativa de 1989. También quedó finalista (y perdió por un voto) del Premio Europa de Literatura de 1990.

Es imposible enmarcar la personalidad literaria de Atxaga dentro de un género o de una exclusiva manera de entender la literatura, ya que sus libros, según se ha dicho "hacen estallar las fronteras genéricas convencionales" (*100 españoles que cuentan,* Madrid: Editorial Pedeca, 1985). Los juicios sobre su obra son a veces contradictorios: Mientras unos consideran que comparte la teoría platónica de que escribir "es una diversión", otros han calificado sus libros de "pesimistas".

Bernardo Atxaga es un representante de la llamada *postmodernidad,* que postula la continuidad de la literatura de todos los tiempos en la reelaboración de temas y textos, ya que "no hay nada nuevo bajo el sol, ni tan siquiera en literatura". Precisamente su cuento «Una grieta en la nieve helada», que aparece en esta selección, viene precedido de un relato, «Método para plagiar», en el que Atxaga irónicamente afirma y confiesa el antecedente de Kipling.

Él justifica, con intencionada ironía, el plagio de los clásicos; y no sólo lo considera plausible sino necesario, pues sostiene certeramente que, aunque todo el mundo los cita, en verdad muy pocos los conocen, y que, al plagiarlos, estamos contribuyendo a darlos a conocer mejor. Lo que Atxaga califica jocosamente de "la buena nueva del plagio" es lo que en este momento se conoce en los ámbitos literarios como "intertextualidad".

Es precisamente su adhesión a la intertextualidad lo que le hace lamentar dolorosamente la falta, no de una larga tradición sino, como él señala, de suficientes antecedentes literarios en vascuence. A esa gran tarea se dedica con fervor Bernardo Atxaga, junto a otros escritores de su generación.

El cuento aquí presentado es de *Obabakoak* (Barcelona: Ediciones B, S.A., primera edición, 1989).

Una grieta en la nieve helada

Una sombra de muerte recorrió el Campamento Uno cuando el sherpa Tamng llegó con la noticia de que Philippe Auguste Bloy había caído en una grieta. El bullicio y las risas habituales de la cena cesaron bruscamente, y las tazas de té, humeantes aún, quedaron olvidadas sobre la nieve. Ninguno de los miembros de la expedición se atrevía a pedir detalles, nadie podía hablar. Temiendo que no le hubieran entendido, el sherpa repitió la noticia. El hielo se había tragado a Philippe Auguste, la grieta parecía profunda.

——¿No lo podías haber sacado tú, Tamng? ——preguntó al fin el hombre que dirigía la expedición. Era Mathias Reimz, un ginebrino° que figuraba en todas las enciclopedias de alpinismo por su ascensión al Dhaulagiri.°

El sherpa negó con la cabeza.

——Chiiso°, Mister Reimz. Casi noche ——dijo. Era una razón de peso°. En cuanto se hacía de noche, el frío—chiiso—de los alrededores del Lhotse° llegaba a los cuarenta grados bajo cero; una temperatura que ya por sí misma podía ser mortal, pero que, además, volvía inestables a las grandes masas de hielo de la montaña. De noche se abrían grietas nuevas; otras antiguas, en cambio, se cerraban para siempre. El rescate era casi imposible.

——¿Qué señal has dejado, Tamng?

Volviéndose, el sherpa mostró su espalda vacía. La mochila de nailon rojo que faltaba allí era la señal que, bien sujeta con clavijas°, había dejado en lo alto de la grieta.

ginebrino from Geneva

Dhaulagiri *montaña de Nepal, en la cordillera del Himalaya*

chiiso *frío (tibetano)*

de peso *importante*

Lhotse *pico de Nepal*

clavijas stakes

——¿Estaba vivo?

——No saber, Mister Reimz.

Todos pensaban que las preguntas no tenían otra finalidad que la de ir preparando la expedición que habría de salir al día siguiente, con el primer rayo del sol. Para su sorpresa, Mathias Reimz comenzó a colocarse crampones°, y pidió que le trajeran una linterna y cuerdas. El ginebrino tenía la intención de salir inmediatamente.

crampones iron spikes attached to boots

——¡Lemu mindu!° ——gritó el viejo sherpa haciendo gestos de sorpresa. No aprobaba aquella decisión, le parecía suicida.

¡Lemu mindu! expression of fear (Tibetan)

——La luna me ayudará, Gyalzen ——respondió Reimz levantando los ojos hacia el cielo. Faltaba muy poco para que estuviera llena. Su luz alumbraba la nieve recién caída, y la volvía aún más pálida.

A continuación, y dirigiéndose a sus compañeros, declaró que no aceptaría la ayuda de nadie. Iría completamente solo. Era él quien debía arriesgarse, era su deber.

Mathias Reimz y Philippe Auguste Bloy trabajaban juntos en las estaciones de esquí de los alrededores de Ginebra, y por ese lado es por donde° los europeos de la expedición entendieron la decisión, como resultado de los lazos creados por un largo trato personal°. Menos informados, los sherpas lo atribuyeron a su condición de jefe y responsable de grupo.

por ese ... donde from that viewpoint

lazos ... personal ties of friendship

Cuando la sombra anaranjada del anorak de Reimz se perdió entre la nieve y la noche, un murmullo de admiración surgió en el Campamento Uno. Era una actitud admirable, ponía su vida en peligro para salvar la de otro. Algunos mencionaron la fuerza de la amistad, el corazón. Otros, el espíritu de los alpinistas, la osadía°, la solidaridad. El viejo Gyalzen agitó en el aire su tela blanca de oraciones: que tuviera suerte, que el gran Vishnu° le protegiera.

osadía daring

Vishnu *dios hindú*

Nadie sospechó la verdad. A nadie se le ocurrió que en el fondo de aquella decisión pudiera estar el odio.

A Philippe Auguste Bloy le dolía la pierna rota y el corte profundo que se había hecho en el costado°. Pero, aun así, se iba quedando dormido; el sueño que le producía el frío de la grieta era más fuerte que su dolor, más fuerte que él mismo. No podía mantener los ojos abiertos. Ya sentía el calor que siempre precede la muerte dulce de los alpinistas.

costado *lado*

Estaba tumbado sobre el hielo, absorto en su lucha particular, preocupado en distinguir la oscuridad de la grieta de la oscuridad del sueño, y no reparó en° las cuerdas que, lanzadas desde lo alto, cayeron sobre sus botas. Tampoco vio al hombre que, después de haber bajado por ellas, se había arrodillado junto a él.

no reparó en *no notó*

Cuando el hombre lo enfocó con la linterna, Philippe Auguste se incorporó gritando. La luz le había asustado.

——¡Quítame esa linterna, Tamng! ——exclamó luego, sonriendo por la reacción que acababa de tener. Se sentía salvado.

——Soy Mathias ——escuchó entonces. La voz sonaba amenazadora.

Philippe Auguste ladeó° la cabeza para evitar la luz de la linterna. Pero también la linterna cambió de posición. Volvía a deslumbrarle°.

ladeó *volvió a un lado*

deslumbrar dazzle

——¿A qué has venido? ——preguntó al fin.

La voz profunda de Mathias Reimz resonó en la grieta. Hablaba muy lentamente, como un hombre que está muy cansado.

——Te hablaré como amigo, Phil, de hombre a hombre. Y quizá te parezca ridículo lo que te voy a contar. Pero no te rías, Phil. Piensa que te encuentras ante un hombre que sufre mucho.

Philippe Auguste se puso en guardia. Detrás de aquella declaración percibió el silbido de una serpiente.

——Vera y yo nos conocimos siendo aún jóvenes, Phil ——continuó Mathias. ——Tendríamos unos quince años, ella quince y yo dieciséis. Y entonces no era una chica guapa. Incluso era fea, Phil, de verdad. Demasiado alta para su edad y muy huesuda.

Pero a pesar de todo, me enamoré de ella en cuanto la vi. Recuerdo que me entraron ganas de llorar, y que, por un instante, todo me pareció de color violeta. Te parecerá extraño, Phil, pero es verdad, lo veía todo de ese color. El cielo era violeta, las montañas eran violeta, y la lluvia también era violeta. No sé, puede que el enamoramiento cambie la sensibilidad de los ojos. Y ahora es casi lo mismo, Phil, no se han borrado aún aquellos sentimientos de cuando tenía dieciséis años. Ni siquiera se borraron cuando nos casamos, y ya sabes lo que se dice, que el matrimonio acaba con el amor. Pues, en mi caso, no. Yo sigo enamorado de ella, siempre la llevo en mi corazón. Y por eso conseguí subir al Dhaulagiri, Phil, porque pensaba en ella, ¡sólo por eso!

El silencio que siguió a sus palabras acentuó la soledad de la grieta.

——¡No nos hemos acostado nunca, Math! ——gritó de pronto Philippe Auguste. Sus palabras retumbaron° en las cuatro paredes heladas.

retumbaron   *sonaron con fuerza*

Mathias soltó una risita seca.

——Por poco me vuelvo loco cuando me enseñaron vuestras fotos, Phil. Vera y tú en el hotel Ambassador en Munich, cogidos de la mano, el dieciséis y diecisiete de marzo. O en el Tívoli de Zurich, el diez y once de abril. O en los apartamentos Trummer de la misma Ginebra, el doce, trece y catorce de mayo. Y también en el lago Villiers de Lausana, una semana entera, justo cuando yo preparaba esta expedición.

Philippe Auguste tenía la boca seca. Los músculos de su rostro endurecido por el frío se crisparon.

——¡Das importancia a cosas que no la tienen, Math! ——exclamó.

Pero nadie le escuchaba. El único ojo de la linterna le miraba sin piedad.

——He tenido muchas dudas, Phil. No soy un asesino. Me sentía muy mal cada vez que pensaba en matarte. Estuve a punto de intentarlo en Kathmandú°. Y también cuando aterrizamos en Lukla. Pero esos sitios son sagrados para mí, Phil, no quería

Kathmandú   *capital de Nepal*

mancharlos con tu sangre. Sin embargo, La Montaña te ha juzgado por mí, Phil, y por eso estás ahora aquí, porque te ha condenado. No sé si te quitará la vida, no lo sé. Puede que llegues vivo al amanecer y que el resto del grupo te salve. Pero no creo, Phil, yo tengo la impresión de que te vas a quedar en esta grieta para siempre. Por esa razón he venido, para que no te fueras de este mundo sin saber lo mucho que te odio.

——¡Sácame de aquí, Math! ——A Philippe Auguste le temblaba el labio inferior.

——Yo no soy quién, Phil. Como te acabo de decir, será La Montaña quien decida.

Philippe Auguste respiró profundamente. Sólo le quedaba aceptar su suerte.

Su voz se llenó de desprecio.

——Te crees mejor que los demás, Math. Un montañero ejemplar, un marido ejemplar. Pero sólo eres un payaso miserable. ¡Ninguno de los que te conocen bien te soporta!° **soporta** tolerates

Demasiado tarde. Mathias Reimz subía ya por las cuerdas.

——¡Vera llorará por mí! ¡Por ti no lo haría! ——gritó Philippe Auguste con toda la fuerza de su voz.

La grieta quedó de nuevo en tinieblas°. **en tinieblas** *a oscuras*

* * *

La excitación que le había producido la visita despertó el cuerpo de Philippe Auguste. Su corazón latía ahora con fuerza, y la sangre que había estado a punto de helarse llegaba con facilidad a todos sus músculos. De pronto, quizá porque su cerebro también trabajaba mejor, recordó que los alpinistas nunca recogían las cuerdas que utilizaban para descender a grietas. Eran un peso muerto, un estorbo° **estorbo** hindrance para el viaje de vuelta al campamento.

"Si Mathias ...", pensó. La ilusión se había apoderado de él°.

La ilusión ... él *sintió una gran esperanza*

Se incorporó del todo y comenzó a dar manotazos a la oscuridad. Fue un instante, pero tan intenso que le hizo reír de júbilo°. Allí estaban las tres cuerdas que, por la fuerza de la costumbre, Mathias Reimz había abandonado.

júbilo *alegría*

Las heridas le hacían gemir°, pero sabía que un sufrimiento mayor, el más penoso de todos, le esperaba en el fondo de la grieta. Apretando los labios, Philippe Auguste se colgó de las cuerdas y comenzó a subir, lentamente, procurando no golpearse con las paredes heladas. Aprovechaba los estrechamientos° para formar un arco con la espalda y su pierna buena, y de esa manera descansar. Una hora más tarde, ya había hecho los primeros diez metros.

gemir groan

estrechamientos narrow spots

Cuando su ascensión iba por dieciocho metros, una avalancha de nieve lo desequilibró° empujándole contra uno de los salientes° de la pared. Philippe Auguste sintió el golpe en el mismo costado donde tenía la herida, y el dolor le llenó sus ojos de lágrimas. Pensó, por un momento, en la muerte dulce que le esperaba en el fondo de la grieta. Sin embargo, la ilusión aún estaba allí, en el corazón, y le susurraba° un "quizá" que no podía desoír°. Al cabo, tenía suerte. El destino le había concedido una oportunidad. No tenía derecho a la duda. Además, la nieve caída indicaba que la salida estaba muy cerca.

desequilibró unbalanced

salientes protrusions

susurraba *murmuraba*

desoír ignore

Media hora después, las paredes de la grieta se volvieron primero grises y luego blancas. Philippe Auguste pensó que, al lanzarse° contra el saliente, el destino había querido imponerle una prueba°; y que en ese momento, por fin, le premiaba.

al lanzarse throwing himself

imponerle ... prueba put him to a test

——¡El cielo! ——exclamó. Y era, efectivamente, el cielo rosado del amanecer. Un nuevo día iluminaba Nepal.

El sol resplandecía sobre la nieve. Frente a él, hacia el Norte, se elevaba el gigantesco Lhotse. A su derecha, atravesando el valle helado, zigzagueaba el camino hacia el Campamento Uno.

Philippe Auguste sintió que sus pulmones revivían al respirar el aire límpido de la mañana. Abrió sus brazos ante aquella inmensidad y, alzando los

ojos hacia el cielo azul, musitó° unas palabras de **musitó** *murmuró*
agradecimiento a La Montaña.

Estaba así cuando una extraña sensación le inquietó. Le pareció que los brazos que había extendido se contraían de nuevo y que, sin él quererlo, le abrazaban. Pero ¿quién le abrazaba?

Bajó los ojos para ver lo que sucedía, y una mueca° **mueca** *expresión*
de terror se dibujó en su rostro. Mathias Reimz estaba frente a él. Sonreía burlonamente.

——No está bien hacer trampa°, Phil ——escu- **hacer trampa** to play
chó poco antes de sentir el empujón. Y por un ins- tricks
tante, mientras caía hacia el fondo de la grieta, Philippe Auguste Bloy creyó comprender el sentido de aquellas últimas horas de su vida.

Todo aquello — la visita, el olvido de las cuerdas —
había sido una tortura planeada de antemano°: **de antemano**
Mathias Reimz tampoco había querido perdonarle beforehand
el sufrimiento de la ilusión.

Preguntas

1. ¿Dónde están, qué son y qué hacen estos excursionistas?

2. ¿Qué noticia les trajo el sherpa Tamng cuando estaban cenando? ¿Cómo reaccionó el grupo?

3. ¿Quién era Mathias Reimz y que posición ocupaba en el grupo?

4. ¿Por qué el sherpa Tamng no pudo auxiliar a Philippe Auguste Bloy?

5. ¿A qué nivel descendía la temperatura cuando caía la noche en esa región? ¿Qué consecuencias tenía esto?

6. ¿Qué señal había dejado el sherpa para marcar el lugar exacto donde ocurrió el accidente?

7. ¿Qué hizo Mathias Reimz al saber lo ocurrido a Philippe?

8. ¿Cómo interpretaron su decisión los excursionistas del grupo y el sherpa Tamng?

9. ¿Qué sentimiento movió a Mathias Reimz a ir en busca de Philippe, desafiando la oscuridad y el frío?

10. ¿Cómo se sentía Philippe? ¿Qué herida había sufrido?

11. ¿Por qué no vio las cuerdas ni al hombre que estaba a su lado?

12. ¿Quién es Vera y qué relación tiene con los dos amigos?

13. ¿Qué pruebas tenía Mathias contra Vera y Philippe?

14. Según Mathias, ¿quién se ha encargado de vengarle y de castigar a Philippe? ¿Está usted de acuerdo con esa conclusión?

15. ¿Cómo fue el proceso de ascensión de Philippe? ¿Cuánto tiempo tardó en llegar a la salida?

16. ¿En qué consistió la venganza última de Mathias?

Temas

1. Este cuento trata del viejo tema literario del triángulo amoroso. Comente el conflicto que existía entre Mathias Reimz y Philippe Auguste Bloy.

2. Exprese su opinión sobre lo que hizo Mathias Reimz. ¿Qué pasiones humanas motivaron su conducta?

3. Contraste la diferencia entre "la oscuridad de la grieta y la oscuridad del sueño".

4. Resuma brevemente esta narración, basándose en sus puntos esenciales y considerando la naturaleza humana.

5. Los deportes conllevan siempre algún riesgo. Comente los peligros y los placeres del alpinismo.

Ejercicios

A. Antónimos
Escriba un antónimo (opuesto) de las palabras siguientes:

montaña	suerte
amor	esperanza
amigo	dolor
frío	amanecer
jefe	risa
oscuridad	muerte

B. Frases comunes
Use las frases siguientes en oraciones completas:

tener miedo	razón de peso
salvar la vida	con el primer rayo de sol
ponerse en guardia	pedir detalles
quedar en tinieblas	peso muerto
al cabo	hacer trampa

C. Diferentes expresiones negativas
Cambie las siguientes oraciones al negativo, usando palabras opuestas o contrarias a las que aparecen subrayadas.

1. Él había tenido siempre mucho éxito en sus expediciones en el Himalaya.

2. Mathias y Philippe estaban emocionados.

3. Alguien mencionó la fuerza de la amistad.

4. Él sintió también que una luz le enfocaba directamente.

5. En el campamento todos tenían frío.

6. Algunos de los excursionistas pedían detalles del accidente.

PILAR PEDRAZA

La obra de Pilar Pedraza sobresale entre los narradores españoles de este momento por su exaltada fantasía, su acentuado lirismo y su marcada preferencia por el tema de la muerte, tan arraigado en la tradición literaria de su país. Esta última característica, presente en la selección recogida en este libro, se hace evidente en el título de la colección de cuentos a la que pertenece, *Necrópolis* (Valencia: Narrativa Insólita, editado por Victor Orenga, 1985).

Pilar Pedraza nació en Toledo en 1951. Doctorada en historia, ejerce la alta docencia como profesora de historia del arte en la Universidad de Valencia. Actualmente es también Asesora de Cultura en la Presidencia de la Generalitat valenciana.

Fiel a su vocación literaria, ha publicado tres novelas: *Las joyas de la serpiente,* ganadora del Premio Ciudad de Valencia 1984, *La fase del rubí* (1987) y *La pequeña pasión* (1990). Asimismo ha escrito algunos trabajos de investigación científica, como *Barroco efímero en Valencia* (1982), varias traducciones, numerosas colaboraciones en diversas revistas literarias y un extenso y documentado ensayo, *La Bella, enigma y pesadilla (Esfinge, Medusa, Pantera …)* (1991).

Maestra en la narración inquietante y compleja, rica en imaginación, no exenta de humor, a veces esperpéntico, Pilar Pedraza continúa la tradición que mira el lado oscuro de la vida —lo macabro y grotesco— que va de Quevedo a Buñuel. En su arte narrativo sabe manejar con destreza una prosa rítmica y elegante, nítidamente elaborada y sazonada de misteriosas supersticiones, que mantienen viva la expectación del lector.

El cuento que hemos seleccionado para estas lecturas tiene, como verán enseguida, un final totalmente inesperado.

Los ojos azules

El timbre del despertador le produjo un ligero so-
bresalto°. Malhumorada, encendió la luz y se dis-
puso a seguir durmiendo cinco minutos más. A su
lado, él se agitó y murmuró algo, pero no se despertó.

Llegó a la clase con el tiempo justo°. Cuando abrió
la carpeta, advirtió que había olvidado los apuntes.
No recordaba nada de lo que tenía que explicar
aquel día. Muy nerviosa, pero tratando de no perder
control de la situación, guiñó el ojo a° uno de los
muchachos de la primera fila, tal vez el Delegado°. El
chico subió de un ágil salto a la tarima° y se sentó
junto a ella. Mejor dicho, en el mismo sillón que ella,
que era muy ancho, y empezó a recitar el tema. *Lo
haces muy bien, muchacho* ——pensó, mirando de sos-
layo° aquella boca joven, de la que brotaba un torrente de erudición ——*muy bien. Sigue, sigue, no te
detengas.*

Entonces se despertó definitivamente.

Aquel sueño idiota había durado más de media
hora. Tenía otra media para arreglarse, coger el
coche y aparcar, si quería llegar a tiempo a clase. Se
sentía mal. Todo le dolía, especialmente la garganta.
"No iré", pensó. Pero hizo un esfuerzo, se incorporó
en la cama tibia y fue alcanzando las prendas° que el
día anterior había dejado caer sobre una silla. Encontrar un zapato debajo de la cama le costó un
minuto y le arrancó un par de maldiciones°.

A pesar de que el tiempo le apremiaba, se duchó,
extendió sobre el rostro, con mano torpe° de impaciencia, una ligera capa de maquillaje, se peinó y se

sobresalto shock

justo *exacto*

guiñó el ojo a winked at
Delegado *representante estudiantil*
tarima lecture platform

de soslayo askance

prendas *ropa*

maldiciones curses

torpe heavy

Sueño

54

pintó los labios. No había tiempo para más. Tenía hambre y sabía el precio que iba a pagar por comenzar la jornada en ayunas°, pero no podía ni hacerse un café. Cogió el bolso, la carpeta y los libros, y salió.

en ayunas on an empty stomach

Había que cambiar aquel maldito ascensor. Era una máquina malvada, que acudía con lentitud exasperante cuando uno tenía prisa y cuyas puertas tardaban una eternidad en abrirse.

tiempo

El día era oscuro y desapacible. Un viento helado barría las calles todavía dormidas. Y llovía.

Ella era incapaz de soportar que le cayera encima ni una sola gota, de modo que, aunque tenía el garaje a dos pasos, volvió a subir, a por el paraguas. Cuando iba a abrir el ascensor para bajar, se le cayeron los libros y los perdió. Una punzada° de dolor le atravesó el costado izquierdo al incorporarse. Para no entretenerse más, emprendió el descenso a pie.

una punzada burst, spurt

A partir del segundo piso la luz no funcionaba, lo cual la llenó de angustia. Bajar unas escaleras a tientas° era todavía peor que soportar la lluvia: siempre temía que un abismo se abriera bajo el último escalón. Por otra parte, nunca estaba segura de cuál era el último.

miseria

a tientas groping in the dark

Cuando llegó ante la puerta del garaje, advirtió con horror que había dejado las llaves del coche sobre la consola del vestíbulo al coger el paraguas. No había tiempo de volver por ellas. *Si tomo un taxi* ——pensó, ——*todavía llego.*

En aquella ciudad, la lluvia hacía desaparecer a los taxis. Tuvo que esperar en la parada por lo menos ocho minutos antes de que viniera uno. Se sintió salvada cuando vio su lucecita verde. Los libros, la carpeta, el bolso y el paraguas no facilitaron la maniobra de abrir la portezuela y entrar, pero al fin lo logró. El reloj respondió a su mirada inquieta tranquilizándola: llegaría a tiempo.

Su nerviosismo no le impidió darse cuenta de que el vehículo no olía al habitual sudor de pies mezclado con ambientador° de pino, sino a tabaco inglés y a cuero. Respiró hondo, reconfortada, y dio la dirección de la Facultad sin mirar al taxista. Se

las cosas pequeñas que pueden calmarnos

ambientador room deodorizer

abismó en la contemplación de la marcha de las agujas del reloj. Llegaría, pero tendría que correr un poco cuando el taxista la dejara ante la puerta del edificio, porque para llegar al aula había que recorrer un dédalo° de pasillos y subir algunas escaleras. El ascensor no solía funcionar.

dédalo   labyrinth

Además, ¿llevaba cambio o tendría que soportar la mala cara del conductor si le daba un billete grande? Revolvió las confusas profundidades del bolso, entreabrió el viejo monedero y escrutó en su interior. Llevaba.

Cada vez llovía con más fuerza y el tráfico se iba intensificando. Aburrida y nerviosa, miró distraídamente las manos del taxista manejar el cambio de marchas°. Unas manos hermosas; algo rudas, pero bien formadas, generosas. Las imaginó recorriendo una espalda femenina y la imagen no chirrió°. ¿A quién pertenecían?

cambio de marchas gearshift

no chirrió   was not disagreeable

El espejo retrovisor le devolvió unos ojos inesperados. Contemplándolos furtivamente, protegida por sus gafas oscuras, se olvidó del tiempo y de la lluvia. Bajo unas cejas rubias fuertemente contraídas°, aquellos ojos azules, un poco enrojecidos, intensos, miraban fijamente ante sí, ajenos a ella y al resto del mundo. Ninguno de los taxistas que había visto hasta entonces tenía unos ojos semejantes. Ningún hombre.

contraídas   furrowed

La amplia avenida que conducía a la Ciudad Universitaria se hallaba colapsada°, tal vez a causa de algún accidente. La lluvia caía con furia, en remolinos, golpeando los cristales y anulando la visibilidad. Si el atasco° duraba sólo cinco minutos, llegaría. Su nerviosismo rebrotó°, aunque algo dentro de ella había comenzado a poner un poco de orden.

colapsada   jammed with traffic

atasco   traffic jam
rebrotó   resurfaced

¿Qué ocurriría, en definitiva, si llegaba a clase tarde? Absolutamente nada. Los pocos muchachos que hubieran conseguido llegar, aprovecharían su ausencia para tomar un café y charlar. Eso era todo. Ella nunca llegaba tarde. Por un día ... Siempre llegaba puntual a todas partes; incluso demasiado puntual. En las citas, generalmente debía esperar.

misterio

El coche amarillo que iba delante del taxi avanzaba centímetro a centímetro. Llegó a odiarlo. Definitivamente, no llegaría a tiempo. Y definitivamente, el coche amarillo se paró, y el taxi también.

Qué silencioso era aquel taxista. Eso le gustaba. Odiaba las conversaciones ocasionales° sobre el tiempo —y aquella era una gran ocasión— o los comentarios a lo que decía la radio. Supo que aquel taxi no llevaba la radio puesta cuando una de las bien formadas manos apretó una tecla e hizo saltar una casette, le dio la vuelta y volvió a introducirla en el magnetófono°. Sólo entonces tuvo ella conciencia de qué clase de música había estado sonando hasta entonces. Ahora continuaba. Unas melodías que ella desconocía, cantadas con voz cascada, de letra° incomprensible.

ocasionales casual

magnetófono cassette player/recorder

letra words, lyrics

El parón° amenazaba con prolongarse indefinidamente. Hacía diez minutos que debía estar sentada en la tarima ante el micro°, explicando las peculiaridades del senado imperial. Respiró aliviada al pensar que ya no tenía arreglo° y sus ojos volvieron a buscar la turbia° mirada azul en el retrovisor.

parón traffic jam

micro *micrófono*

arreglo *solución*
turbia disturbing

Exasperados por el atasco, los otros coches comenzaron un inútil concierto de claxons. Pero allí dentro reinaban las notas desgarradas de la guitarra y la canción ronca. Vio cómo él sacaba de la guantera un paquete de cigarrillos. Sin volverse, le ofreció uno, que ella rechazó sintiendo que un rubor adolescente le hacía arder las mejillas. Molesta consigo misma, se reprochó dejarse llevar por emociones tan vulgares. La verdad es que deseaba fumar, pero la garganta seguía doliéndole. Aunque hubiera llegado a tiempo, probablemente no hubiera podido dar la clase. Cuando llegara a la Facultad, tomaría algo caliente.

Él fumaba con las manos aferradas al volante°, sin quitarse el cigarrillo de la boca. El humo estaba acentuando el delicado enrojecimiento de los ojos y aclaraba el color azul. Ella intentó imaginar cómo sería su rostro. Sólo conocía sus manos, su nuca, sus ojos,

aferradas al volante clinging to the wheel

[anotación manuscrita: tiene el en la ciudad]

[anotación manuscrita: técnica: el taxista no habla, solo sabemos lo que está pensando ella.]

su mirada. Se fijó en su cazadora, de excelente cuero blando. No llevaba anillo de casado ni reloj.

Los claxons enmudecieron, impotentes. La cinta de la casette llegó a su fin con un leve chasquido, y él no la renovó. Ella comenzó a ponerse nerviosa de nuevo. ¿Por qué el hombre no decía nada? Llevaban más de un cuarto de hora parados en silencio. El taxímetro saltaba con enervante regularidad. Marcaba ya una cifra astronómica.

El coche amarillo continuaba parado. Bajó de él una muchacha cubierta con un impermeable rojo, que se quedó inmóvil a su lado, con los brazos en jarras°, bajo la lluvia. Evidentemente, no sabía qué hacer. Los claxons volvieron a sonar y la chica hizo un gesto de graciosa desesperación. El taxista apagó el motor, abrió la portezuela, bajó y se dirigió hacia ella. Hablaron un momento. Luego, ella entró en el coche, y él lo empujó, para ayudarla a ponerlo en marcha°. La pasajera no pudo verle la cara, pero sometió a un riguroso escrutinio su cuerpo. Lo encontró hermoso, armonioso. Empujaba con fuerza y suavidad, como jugando.

brazos en jarras arms akimbo

ponerlo en marcha to start it

Por fin, el coche amarillo arrancó y él volvió al taxi. Cerró la portezuela suave y eficazmente.

Continuaba sin ver su rostro completo. Sólo sus ojos, sus cejas contraídas. Ojos jóvenes y experimentados. Aquellos ojos pensaban. Casi podía oír el rumor de sus pensamientos. Azules, pero no fríos: cálidos, febriles tal vez. Nunca había visto tanta vida concentrada en unos ojos. Probablemente, si llegaba a ver el resto sufriría una decepción. Su boca sería débil o cínica o vulgar. La línea de la barbilla, sin embargo, parecía bien formada, y las orejas eran perfectas. El taxímetro no se detenía, y ella llevaba poco dinero en el bolso. Pensó en bajarse y continuar andando, pero llovía mucho y le dolía tanto la garganta que renunció a todo y se hundió más en el asiento. Ahora avanzaban de nuevo, aunque muy lentamente.

[anotación manuscrita: descripción de los ojos]

—¿Quiere que cortemos por la otra calle?

La voz de él era como sus ojos: llena de pensamientos, aunque dijo tan poco que ella casi no pudo
analizar sus calidades. Pero fue suficiente para saber
que le gustaba.

——Sí, gracias.

Cambió ligeramente de postura y se vio a sí misma
en el espejo. A pesar de la mala noche que había
pasado, del somero arreglo° y del dolor, estaba bien. **somero arreglo** hasty preparations
Sintió expandirse por el vehículo su propio per-
fume. A aquellas horas podía olvidar cualquier cosa,
pero no aplicarse unas gotas de su perfume, caro
como una joya. Estaba tan habituada a él que ya no
solía olerlo, pero ahora sí lo notó. O tal vez fuera que
leyó en los ojos de él un cierto deseo, una admiración
furtiva.

Los ojos azules comenzaron a espiarla por el espejo, aunque sin perder de vista la ruta. Ella se sintió
incómoda. Le desagradaba profundamente que
unos ojos desconocidos la miraran.

Se desviaron por una calle paralela, limpia de
tráfico. Para llegar a la Facultad, tendrían que dar
un largo rodeo°, pero cualquier cosa era preferible **rodeo** detour
al avance lentísimo de antes.

Sí, ella estaba bien, y sin duda él la deseaba. Estaría
mucho mejor en primavera, cuando dejara de do-
lerle la garganta y durmiera más. Tal vez tendría una
pequeña aventura. Pero las aventuras que ella imaginaba eran complicadísimas, nunca un escarceo de
taxi. Un ligero escalofrío de repugnancia recorrió su
espalda. El nerviosismo anterior dio paso a un cierto
envaramiento°. ¿Qué se habría figurado aquel hom- **envaramiento** hostile reaction
bre? Pero él se limitaba a clavar sus ojos azules en los
de ella.

Se internaron por calles que no conocía. Ahora el
coche volaba entre rachas de viento que arrastraban
trombas de agua. Ella pensó que tal vez un charco los
engulliría°. Que se ahogarían en el lodo. Y, de **los engulliría** would swallow them up
pronto, lo deseó: el lodo, él y ella revolcándose en
barro, en cieno, en lodo; él golpeándola, mirándola
con aquellos ojos azules y rojos; abofeteándola con
sus bien formadas manos, sin quitarse el cigarillo de

la boca. ¿Qué podía importar, lloviendo tanto? ¿A quién le importaba nada en un día como ése?

El dolor de garganta estaba desapareciendo, pero la punzada del costado comenzaba a ser tan aguda como una puñalada°. Cada vez que respiraba hondo, sentía el dolor trepar por sus costillas como una enredadera°. Consultó el reloj por rutina: ya ni siquiera llegaría a la segunda clase, pero qué más daba°. Tampoco iba a poder pagar lo que marcaba el taxímetro.

Corrían a toda velocidad por una carretera estrecha, entre campos embarrados y jirones de niebla sucia. Una recta de excelente visibilidad se abrió ante ellos. Vio venir a lo lejos en dirección contraria un camión, pero no hizo caso. Tenía hambre y ganas de fumar. No encontró cigarrillos en el bolso. Le pidió a él.

El hombre, sin apartar la vista de la carretera, sacó la cajetilla y se la tendió por encima del hombro.

——¿Tiene fuego, por favor?

El camión se acercaba. O ellos a él. O es que aumentaba de tamaño, simplemente.

Él se volvió con el mechero encendido, y entonces ella pudo ver su rostro. El impacto que le produjo su visión se superpuso sin confundirse al tremendo choque del camión con el taxi: vivió las dos cosas con total independencia.

Un insistente repiqueteo del timbre del teléfono le sacó de su apacible sueño matutino°. Ella estaba todavía a su lado. ¡A aquellas horas! Era una novedad, pero pensó que tal vez se encontraba mal y había decidido quedarse. Se incorporó y contestó. Alguien se interesaba por° ella desde la Facultad: no había acudido a clase y los estudiantes deseaban saber si debían esperarla a la segunda hora. Él no supo qué responder, pero farfulló° una excusa, mirándola. Dormía como una piedra.

Antes de decidir si se levantaría o continuaría durmiendo unos minutos más, se inclinó sobre ella para darle un beso. Estaba fría, terriblemente fría e inmóvil. La sacudió ligeramente, luego con furia; la

puñalada   stab wound

trepar ... enredadera climb ... like a vine

qué más daba   it didn't matter

matutino   *de la mañana*

se interesaba por   was asking about

farfulló   stumbled through (in speaking)

llamó por su nombre secreto: todo fue inútil. Desde
donde se hallaba, no podía responder.

Preguntas

1. ¿Cuál es la profesión de la protagonista?

2. ¿Por qué pensaba ella que el ascensor "era una máquina malvada"?

3. ¿Cómo estaba el tiempo esa mañana?

4. ¿Por qué volvió ella a subir, a pesar de tener tanta prisa?

5. ¿Qué le ocurrió cuando iba a abrir el ascensor para bajar? ¿Qué hizo entonces?

6. ¿Qué nuevo inconveniente encontró al llegar al segundo piso?

7. ¿Por qué tuvo que tomar un taxi?

8. ¿Qué vio a través del espejo retrovisor del taxi? ¿Qué impresión le causó lo que vio?

9. ¿Era la puntualidad una de las características de esta mujer? ¿Por qué estaba tan impaciente y nerviosa?

10. ¿Qué detalles observó ella en el taxista durante el atasco? ¿Le resultaban agradables? ¿Qué pensaba ella del hombre?

11. ¿Qué ocurrió cuando el taxista se desvió para evitar el atasco? ¿Fue inevitable el choque con el camión?

12. ¿Quién oyó el timbre del teléfono repiqueteando?

13. ¿Quién llamaba?

14. ¿Le sorprendió a usted el final del cuento? ¿Había pensado que iban a suceder otras cosas?

15. ¿Qué impresión le produjo este cuento? Comente su opinión.

Temas

1. Describa brevemente los múltiples inconvenientes que sufre la protagonista para llegar a su trabajo. ¿Le parecen a usted verosímiles?

2. Cuente algún sueño complicado que usted haya tenido.

3. Exprese su opinión acerca de la relación entre los sueños y la vida cotidiana.

4. Mientras viaja en el taxi la protagonista imagina una situación grotesca entre ella y el taxista, que imita las escenas de las películas. ¿Recuerda usted cuál es esa escena en el cuento? ¿Cómo influye el cine en la novela contemporánea?

5. ¿Ha considerado usted quién es el que sueña, de acuerdo con el final, la mujer o el hombre? Comente su opinión.

6. La protagonista observa muchos detalles en el taxista. ¿Cuáles contribuyen más al efecto del cuento?

Ejercicios

A. Dos pretéritos en español: el imperfecto y el indefinido
Cuando narramos, generalmente empleamos el pretérito imperfecto para describir las situaciones y los estados de ánimo, y el pretérito indefinido para puntualizar los hechos ocurridos. En los párrafos siguientes, llene los espacios en blanco con el tiempo que corresponda, de acuerdo con la situación en cada caso.

1. La mujer _____ (tener) hambre y _____ (saber) las consecuencias de comenzar a trabajar sin desayunar, pero no _____ (poder) perder ni un minuto si _____ (querer) llegar a tiempo.

2. El ascensor _____ (funcionar) más lento que de costumbre aquella mañana desapacible en que ella _____ (tener) tanta prisa.

3. La mujer _____ (decidir) tomar un taxi, pero _____ (tener) que esperar casi diez minutos en la parada.

4. El timbre del despertador la _____ (sobresaltar). _____ (encender) la luz y _____ (levantarse) malhumorada.

5. Mientras _____ (esperar) la llegada del taxi, _____ (poner) en

orden sus papeles. _____ (llover) a cántaros y el tráfico _____

(hacerse) cada vez más denso. No _____ (querer) llegar tarde a la

universidad. _____ (estar) muy nerviosa.

B. Adjetivos con impacto

Llene los espacios en blanco, empleando los adjetivos que aparecen a
continuación, cuidando de hacer los cambios que exija la concordancia.

malhumorado	cansado	ocasional	agudo
rápido	inesperado	ligero	encendido
incapaz	silencioso	febril	inmóvil

1. El taxista era un hombre _____. Era completamente _____ de

sostener conversaciones _____ sobre el tiempo o la actualidad.

2. Ella se había despertado _____. Tenía un _____ dolor de

garganta y se sentía _____.

3. El chico subió a la tarima con un salto _____, ante la _____
solicitud de la profesora.

4. Ella cubrió su rostro con una _____ capa de maquillaje. Aunque

apenas tenía tiempo, no quería parecer _____.

5. El hombre mantenía el cigarrillo _____ en sus labios. Por lo

demás, permanecía _____, como si nada le interesara.

C. Algunos verbos reflexivos

Complete las oraciones a continuación, usando uno de los siguientes verbos: *arreglarse, dormirse, acostarse, vestirse, levantarse, desviarse, marcharse, apurarse.*

1. Cuando tienes sueño _____

_____

2. Para ir a una fiesta nosotros _____

_____

3. Como quería evitar el atasco, el taxista _____

_____

4. Si la profesora no llega a tiempo, los estudiantes _____

_____

5. Después de un largo día de trabajo, yo _____

_____

6. La mujer _____ malhumorada y _____

_____

LUIS MATEO DÍEZ

Leonés nacido en Villablino en 1942, Luis Mateo Díez tiene una sólida obra narrativa, muy personal y afianzada en una elaboración cuidadosa de fondo y forma. En 1973 apareció su *Memorial de hierbas;* en 1977, *Apócrifo del clavel y la espina;* en 1981, *Relato de Babia;* en 1982, *Las estaciones provinciales;* y en 1986, *La fuente de la edad.* Estas dos últimas alcanzan ya estatura de obras mayores. Con *La fuente de la edad* ganó en 1987 el Premio Nacional de Literatura y el Premio de la Crítica. Ha publicado también tres libros de poesía. Tras su reciente incursión lírica, en *Las horas completas* (1990), Luis Mateo Díez a regresado a la novela con *El expediente del náufrago* (Madrid: Alfaguara, 1992), nueva inmersión lúcida en la vida de los marginados.

Su tierra leonesa está presente en sus páginas, no exentas de humor, que captan magistralmente los ambientes, presentados con suave lirismo, lleno de ternura y de honda comprensión humana.

Sus magníficos relatos abarcan temas variados del diario convivir, el amor y la vida, la mezquindad del poder, las vicisitudes y vulgaridades de los que se asfixian en un medio provinciano.

Luis Mateo Díez sabe narrar con soltura, gracia e ingenio, y ocupa dignamente un sitio destacado entre los españoles que cuentan.

De su colección de relatos *Brasas de Agosto,* publicada en 1989 (Madrid: Altea, Taurus, Alfaguara, S.A.), hemos tomado la presente selección.

La familia de Villar

La familia de Villar vino a mi pueblo dos meses antes de que llegara el agua. El padre se llamaba Antonio, la madre, Enedina, y los hijos, Benito y Clara. Arrendaron seis hectáreas del secano pedregoso° cerca de la carretera de Villamaniel y compraron una casa de adobe que estaba a las afueras del pueblo.

seis ... pedregoso about 15 acres of dry, rocky land

Era una casa abandonada, de las que se emplean para almacenar la paja y guardar mulas. Trabajaron en ella hasta componerle las paredes, la retejaron° y dividieron la vivienda con tabiques de ladrillo. Estuvieron casi un mes dedicados a la obra. Antonio y Benito aunando° las labores de albañilería con el trabajo de la tierra: la limpieza de cardos y cenizales°, el aricado° de las hectáreas yermas, donde la rastrojera antigua había dejado el vicio de las sebes y la retama hasta colmar el abandono en un color pajizo entreverado por las ronchas de matojo° y amapolas. Enedina y Clara recalando los tabiques y el adobe, amasando el cemento y acarreando° los ladrillos desde la tejera de Villamaniel.

retejaron retiled the roof

aunando alternating

cardos y cenizales thistles and heaps of ashes

aricado light plowing

ronchas de matojo clumps of wild plants

acarreando llevando

El encalado° lucía en las paredes derechas, las tejas formaban una comba° casi vertical, y bajo el corte de los aleros un canalón de aluminio salvaba el agua de la lluvia, derivando a los lados las escorreduras° y preservando la fachada.

encalado whitewash

comba curve, grade

derivando ... escorreduras desviando el agua

Para entonces la familia ya era conocida en el pueblo con el nombre de Villar y se les miraba con la simpatía que reporta° el trabajo bien hecho.

reporta se gana, se obtiene

El rastrojo de sus hectáreas tenía el aspecto limpio y acabado y la tierra estaba abierta con un sudor distinto°, preparada para la siembra y aguardando el agua.

Benito y Clara vinieron a la escuela y se ganaron enseguida nuestra amistad. No eran aquellos muchachos taciturnos y lejanos del principio, cuando la labor les tenía atados desde el amanecer a la noche. Jugábamos mezclados por el vacío de las eras°, correteando hasta la huerta y las norias°, o nos sentábamos en el cemento del canal tirando piedras al hondón de aquella brecha tan larga, que un día no lejano nos traería el agua desde el pantano° de Los Barrios.

A Benito le llamábamos Villar, como los hombres a Antonio. Y a Clara la Villarina, como las mujeres a su madre.

El Villar de los Barrios había sido su pueblo en la montaña, uno de los que las aguas del pantano anegaban al ser embalsadas°. La familia era de las pocas que bajaron al páramo° dispuestas a establecerse en las tierras nuevas, como se llamaba al erial° empobrecido de nuestra llanura, que habría de transformarse con la promesa del regadío°.

Benito nos contaba que su pueblo era un término de prados verdes en la hondonada del valle, con casas de piedra y tejado de losa, ganado lechero, la iglesia de dos campanas y una ermita° de San Roque donde se celebraba la romería° de la fiesta mayor°.

Decía que en el límite donde el valle se cerraba formando el tajo° de dos peñas enormes, habían construido el dique de la presa, y que las aguas embalsadas se llevaban al vientre trece pueblos enteros° con las fincas y los bosques de robledal y haya°. Del suyo sólo quedaría fuera del agua la punta de la torre de la ermita y las chozas de la braña° del alto.

A nosotros se nos hacía difícil imaginar la inmensidad del agua surtida por los ríos y los neveros que habría de crecer contenida en el dique de la presa, batiendo las paredes de los corrales y las casas hasta rozar los tejados y recubrirlos, y perderse en las profundidades las calles y las fuentes y el bosque con los árboles más altos, y el campanario asomando los

---

sudor distinto   an unparalleled effort

eras   plots of land

huerta ... norias   vegetable garden and waterwheels

pantano   reservoir

uno ... embalsadas   one of the towns flooded by the reservoir
páramo   barren plain
erial   unplowed land
regadío   irrigation

ermita   *santuario pequeño*
romería   pilgrimage
fiesta mayor   town's saint's day
tajo   deep cut

se ... enteros   thirteen towns had been washed away
bosques ... haya   oak and beech forests
braña   small town

ojos vacíos de las campanas y la punta de la torre quieta en la superficie como antes había estado en el aire.

Benito había visto el agua embalsada, y cuando recordaba el paisaje de su pueblo—el verdor de los pastizales en las vegas, la inundación que debería pudrir hasta las raíces más tiernas—se le quedaban los ojos fijos en la llanura estéril, y alargaban la mirada postrados ante nuestro asombro, como siguiendo la línea del canal que estaba vacío y reciente y llevaba como una dirección misteriosa hasta el mismo origen del pueblo sepultado.

Poco después del agua—aquella ansiedad prodigiosa que reverdecería los cultivos en la estepa desértica de nuestro páramo—vendría la luz eléctrica, y aprenderíamos a comprender el milagro de las bombillas olvidando la lámpara de aceite y el carburo.

Las líneas trazadas sobre los postes esqueléticos elevaban kilómetros de cable y casquillos° de jícaras, **casquillos** insulator caps donde los pájaros mendigos de nuestra tierra comenzaban a posarse, apenas acobardados por aquella invasión que cruzaba el cielo raso° de la llanura **cielo raso** the open air facilitándoles el reposo de sus vuelos. Fueron las mujeres del pueblo, enteradas por Enedina, quienes primero supieron que la familia de Villar había dejado un hijo muerto en las obras del pantano.

Era el hijo mayor y se llamaba Antonio como el padre.

Había formado parte de la brigada que horadó° el **horadó** *excavó* túnel que daba paso al agua desde la presa a la caída de la Central Eléctrica. Un túnel escarbado en la piedra caliza, de cinco kilómetros. La brigada, compuesta por veinte hombres y un capataz, trabajó en la dureza de los martillos mecánicos y el polvo venenoso produjo la quemazón de los pulmones, provocando la muerte lenta de todos los obreros, retirados en el grado más alto de silicosis.

Antonio había muerto en un hospital de la ciudad quince días antes de la llegada de la familia a nuestro pueblo.

Nosotros tuvimos presente aquel extraño secreto y en los juegos con Benito y Clara, cuando íbamos a romper con los tiradores algunas de las jícaras que colgaban en el brazo de los postes, apurábamos la tristeza de albergar a° los dos hermanos y animábamos el silencio de Benito intentando distraer el recuerdo de la desgracia°.

apurábamos ... albergar a felt the sadness of protecting
desgracia sad event

A los dos meses, poco antes de la siembra, una mañana soleada de las que barren el cielo limpiando las canículas°, vimos el milagro del agua avasallando° el reseco paredón del canal.

una mañana ... canículas a clear, fresh morning
avasallando pouring through

Todo el pueblo salió alborozado° festejando la emocionada curiosidad del espectáculo.

alborozado joyously

Era un agua limpia y sedosa que se deslizaba ante nosotros arrastrando las motas de pajuelas y los residuos de polvo.

Los mozos abrieron las compuertas de las primeras acequias y los chavales corrimos exaltados y descalzos, pisando la superficie por donde se adentraba la mano líquida, que iba extendiéndose como una caricia sobre el cuerpo atrofiado de los sequedales°.

sequedales dry lands in long disuse

A mediodía los campos estaban encharcados° y brillantes y las azadas de los hombres intentaban atajar la locura de aquella bendición, agolpando los guijarros para controlar la dirección en los surcos°.

encharcados filled with standing water

surcos ditches

En el atardecer hubo baile en las eras y estallaron manojos de cohetes que retumbaban de pueblo en pueblo, anunciando la señal de la alegría colectiva.

La familia de Villar recibió el agua en sus hectáreas de la carretera de Villamaniel y luego vinieron a las eras a compartir el vino y las empanadas.

Los hombres se llevaron a Antonio; las mujeres a Enedina, y nosotros recogimos a Clara y a Benito.

Estuvimos un tiempo buscando varillas de cohetes y después nos sentamos a la vera del° canal con los pies desnudos en el agua.

a la vera del *junto a*

Apenas sabíamos cómo pronunciar una palabra que rescatara el silencio de aquellos amigos que miraban entristecidos el espejo bullente y encajonado

en las paredes°, la misma fuerza vertiginosa y fertili-
zante que antes de llegar allí había acariciado la
ruina de las paredes de su antigua casa, el surco
tierno anegado en el lodo y la podredumbre de su
viejo huerto, la espadaña de la ermita de San Roque.

el espejo ... paredes
the water rushing
between the canal
walls

Fue Benito quien de pronto salió de su ensimisma-
miento° y se puso de pie alborozado por una extraordinaria alegría, y comenzando a desnudarse nos
señaló el cuerpo centelleante de una trucha que se
arrazaba° moviendo la cola en la desorientación del
canal.

ensimismamiento   self-
absorption

se arrazaba   swam near
the bottom

Cuando nos dimos cuenta, se había lanzado al
agua y buceaba en el espejo terciado de° polvo y
pajuelas, y al cabo de unos segundos sacaba la trucha
prisionera sujetándola por las agallas°.

terciado de   coated,
mixed with

agallas   gills

El animal volteaba el cuerpo en las piedras y nosotros retrocedimos asombrados, mientras Benito le
acariciaba el lomo y la dejaba morir cruzándole una
vara entre la boca y las agallas.

Quedamos extasiados ante la hermosura de aquel
animal desconocido y maravilloso, cuyas escamas
punteadas de colores diminutos brillaban en el contraste de la tierra.

Entonces Benito tomó a Clara de la mano y sonrió
contagiado por aquella excitación que provocaba
nuestro asombro.

Después, recogiendo la trucha y mostrando el
cuerpo satinado donde reverberaban las profundas
irisaciones°, nos dijo:

irisaciones   iridescent
colors

——Vamos todos a mi casa, veréis qué buenas
estaban las truchas del Villar.

Preguntas

1. ¿Cuándo llegó al pueblo la familia de Villar?

2. ¿Cuántos miembros tenía la familia?

3. Describa la casa que compraron y cómo la mejoraron.

4. ¿Por qué se ganaron pronto la simpatía del pueblo?

5. ¿Qué nombre les daban los niños a Benito y a Clara?

6. ¿De dónde tomaban el nombre?

7. ¿Por qué se trasladó la familia de la montaña al páramo? ¿En qué basaban su esperanza de una vida mejor?

8. ¿Cómo describía Benito su antiguo pueblo?

9. ¿Cómo reaccionaban los chicos ante las historias de Benito?

10. ¿Qué le había ocurrido al hijo mayor de Enedina y Antonio?

11. ¿Cómo reaccionaron los habitantes del pueblo al recibir las primeras aguas de la represa? ¿Cómo se celebró este acontecimiento?

12. ¿Por qué estaban tristes Clara y Benito?

13. ¿Qué hizo Benito al ver una trucha en medio del canal?

14. ¿Por qué Benito muestra orgulloso la trucha a sus amigos?

15. ¿Quién es el narrador en este cuento?

Temas

1. Comente el amor de Benito por su antiguo pueblo, El Villar de los Barrios.

2. Explique los beneficios económicos que se obtienen de la construcción de represas o presas.

3. Las represas también traen penas y sacrificios para los habitantes del lugar donde se construyen. ¿Cómo se presenta esa situación en el cuento de «La familia de Villar»?

4. Describa un lugar donde usted ha vivido en el pasado y del cual conserve un grato recuerdo. ¿Qué detalles evocan aquel ambiente y renuevan sus sentimientos hacia ese lugar?

Ejercicios

A. El condicional de los verbos
Complete las siguientes oraciones con la forma correcta del condicional simple del verbo entre paréntesis.

1. El agua _____ (llegar) antes del comienzo de la siembra.

2. Gracias a la presa, el pueblo _____ (tener) luz eléctrica.

3. El regadío _____ (favorecer) la agricultura.

4. Muchos árboles _____ (pudrirse) en el embalse.

5. La región _____ (haber) de transformarse completamente.

6. De su antiguo pueblo sólo _____ (quedar) fuera del agua la torre de la ermita.

B. Participios usados como adjetivos

En este cuento aparecen muchos participios pasivos usados como adjetivos. Busque 10 ejemplos y escriba una nueva oración con cada uno de ellos.

Modelo: *anegado.*
Los campos anegados hacían felices a los campesinos.

C. Nuevas oraciones

Este cuento está escrito con un bello estilo poético que usted podrá apreciar en las oraciones a continuación. Redacte nuevas oraciones empleando las ideas contenidas en las frases que aparecen en letra cursiva.

Modelo: La tierra *estaba abierta con un sudor distinto.*
   La tierra había sido trabajada con un cuidado especial.

1. Las aguas embalsadas *se llevaron al vientre* trece pueblos enteros.

2. Los campanarios asomando *los ojos vacíos* de las campanas.

3. Las líneas trazadas sobre *los postes esqueléticos* llevaban kilómetros de cables.

4. *Los pájaros mendigos* de nuestra tierra.

5. *Una mañana soleada de las que barren el cielo* limpiando la canícula.

6. Los hombres intentaban atajar *la locura de aquella bendición.*

7. *La mano líquida* que iba extendiéndose como una caricia sobre los sequedales.

8. Se había lanzado al agua y buceaba en *el espejo terciado de polvo y pajuelas.*

JOSÉ MARÍA MERINO

Poeta y novelista, nacido en La Coruña en 1941, (de familia originaria de León, donde vivió desde su infancia hasta su primera juventud), José María Merino tiene una vigorosa obra que le ha ganado destacada presencia en las letras españolas de los últimos quince años.

Merino ha viajado por Estados Unidos y por algunos países centro y sudamericanos, lo que le ha permitido conocer de cerca muchas de las realidades hispanoamericanas reflejadas en sus narraciones, que muestran una marcada voluntad integradora de lo hispánico a ambos lados del Atlántico.

Precisamente su trilogía, que integran *El oro de los sueños* (1986), *La tierra del tiempo perdido* (1987) y *Las lágrimas del sol* (1989), se basa principalmente en las peripecias de la conquista de América, presentadas con fina sensibilidad y poética imaginación.

Su primera incursión en la narrativa, *Novela de Andrés Choz*, mereció el Premio Novelas y Cuentos en 1976, buen comienzo que ya revelaba sus dotes de escritor y auguraba sus triunfos posteriores. Anteriormente había publicado tres libros de poesía: *Sitio de Tarifa* (1972), *Mírame, Medusa* (1984) y *Cumpleaños fuera de casa* (1987), en el que resume toda su creación poética. Su segunda novela, *El caldero de oro* (1981), refleja su fervor por su terruño leonés, entrañablemente fijo en sus recuerdos.

Generalmente se considera *La orilla oscura* su mejor logro. Esta novela, que se desarrolla a un tiempo en León y en un país centroamericano, ganó el Premio de la Crítica en 1985. Los más exigentes críticos han coincidido en reconocer que es ésta una de las mejores obras españolas de los últimos años.

En 1982 Merino publicó su colección de relatos *Cuentos del reino secreto* (Madrid: Ediciones Alfaguara, S.A.), a la que pertenece la presente selección «Buscador de prodigios». Su más reciente recopilación de narraciones cortas, *El viajero perdido* (1989) y su última novela, *El centro del aire* (1991), muestran igualmente su gran maestría en la creación fabulosa.

Fino narrador, indagador del misterio encerrado en mitos y leyendas regionales, así como en el íntimo proceso de la creación artística, domina con igual destreza lo real y lo fantástico, característica que lo singulariza dentro de una literatura que ha sido tradicionalmente realista.

Buscador de prodigios°

prodigios   *sucesos sobrenaturales*

Primera parte

Por la mañana, mi abuelo me dijo que tenía que acompañar al buscador de prodigios.

——Julianín, hijo, vas a subir a esos señores hasta la cueva. Te llevas la mula. Tu madre os va a poner la comida y mantas. Mañana por la mañana regresaréis.

El buscador de prodigios mojaba en el café con leche tajadas de hogaza° untadas de mantequilla y miel, y se las comía a grandes mordiscos. Estaba muy inclinado hacia delante y había extendido sobre la mesa el brazo izquierdo, rodeando el tazón, como en un gesto inconsciente de protección y resguardo de su desayuno. Su mujer comía también, pero sin muchas ganas, con la mirada perdida. Era una chica joven, de ojos claros, con un pelo pajizo y lacio que le caía sin gracia alrededor de la cabeza.

tajadas de hogaza bread slices

Yo no repuse° nada, pero me sentía muy contento ante la perspectiva de la excursión.

repuse *contesté*

El buscador de prodigios había llegado el día anterior, por la tarde, en un automóvil polvoriento que, tras una serie de maniobras, dejó estacionado junto al puente. El abuelo y yo estábamos inflando las ruedas de la bici, cuando él y la chica se acercaron a nosotros.

Nota: Este cuento aparece dividido en dos partes para facilitar su estudio. Las preguntas a continuación están igualmente divididas en dos partes. Esta división es nuestra, no del autor del relato.

Él preguntó si había cerveza fría y el abuelo le dijo que sí, fresca del agua del río. Entraron y el abuelo les siguió para servirles. Yo dejé la bici y entré también.

Después de apurar su cerveza de un golpe°, el hombre preguntó por el modo de llegar a la cueva y el abuelo le dijo que ya era tarde para subir hoy. El hombre quiso saber si habría cama para ellos y el abuelo asintió.

apurar ... golpe gulping his beer

La chica se había aproximado al ventanuco del fondo y miraba el corral. Luego, se volvió y se acercó a la puerta.

——Hola, ——me dijo.

Yo también la saludé.

——¿Cómo se llama este pueblo?

Se lo dije. Sacó una cajetilla arrugada del bolsillo del pantalón, encendió un cigarrillo y se sentó en el banco, a mi lado.

——¿Vas a la escuela? ——me preguntó.

Yo contesté que sí. Que ahora estaba de vacaciones, claro, pero que en septiembre empezaría sexto.

El hombre fue al coche por el equipaje. Volvió con una gran mochila y muchos aparatos: una grabadora como la que trajo de Suiza el tío Tomás; dos máquinas de fotos; un tomavistas. Dejó los bultos sobre la larga mesa y reemprendió° la charla con mi abuelo.

reemprendió resumed

La chica salió fuera y yo me quedé escuchándoles. El hombre dijo que era profesor y que andaba por ahí, estudiando las cosas antiguas. Que venía principalmente a fotografiar las pinturas de la cueva.

Bebió otra cerveza, ésta más despacio, y luego añadió que también le interesaban las cosas inexplicables, los fenómenos que aparentaban no tener justificación natural. Que, según sus noticias, también había algo de eso por aquí.

——Ca, no° señor ——repuso el abuelo. ——A lo mejor, hace tiempo hubo algo de eso, pero ya no.

Ca, no Not a bit!

——¿Hace tiempo? ——se interesó el forastero°.

forastero *persona de otro lugar*

——Bueno, ——dijo el abuelo, ——antes, cuando no había luz eléctrica ni estos adelantos, qué sé yo. Entonces se hablaba alguna vez de duendes, de aparecidos°, alguien creía en esas cosas. Pero nunca demasiado.

aparecidos *fantasmas, seres sobrenaturales*

El hombre insistía. Había recogido la grabadora de la mesa, la colocó sobre el mostrador y yo vi cómo apretaba las teclas que la hacían funcionar.

——Hábleme de los duendes, de esas cosas.

——Mire ——repuso el abuelo ——yo de eso sé muy poco. Aquí en el pueblo hay quien le podría hablar con mucho mayor conocimiento. Está Ramirín, el techador°, y la tía Paula, que van para los noventa°.

techador roofer

van ... noventa are almost 90 years old

El buscador de prodigios detuvo la grabadora.

——¿Yo no podría hablar con ellos? ¿No me haría usted el favor de reunirlos, para charlar un rato?

El abuelo asintió.

——Por ellos, encantados. Luego les aviso para que vengan después de cenar, si pueden.

Me miró a mí y guiñó un ojo:

——Esta noche, filandón°.

filandón *reunión* (regionalism of Asturias and León)

Después de cenar, vinieron el Ramirín y la tía Paula, y mucha gente más. El abuelo invitó a la gente y yo le ayudaba a servir las coca colas, las cervezas y las copas. El buscador de prodigios puso la grabadora en medio del corro°.

en medio del corro in the middle of the group

——Me gustaría que ustedes me hablasen de las cosas extrañas que hayan sucedido en este pueblo. De esas cosas que parecen no tener explicación. Casas con duendes, ánimas, lo que ustedes recuerden de todo eso.

La gente estaba un poco cohibida°, pero con ganas de hablar. Empezó Vicenta, la que vive en la pisa°. La timidez se le notó en una ligera crispación de los gestos y en un modo de hablar un poquitín alto, como con cierta brusquedad.

cohibida *inhibida*

pisa where grapes are pressed for wine

——Mire usted ——dijo. ——En este pueblo no hay de esas cosas, ni ha habido, que yo sepa. Después de la guerra hablaron de aparecidos, en el monte, por la noche, y resultó que eran unos huidos. Los mató la Guardia Civil. Pero de otras cosas sí hay.

La gente la miraba con expectación. Ella se fue serenando°.

——Tengo yo un prado por bajo del río, junto a unos alisos°, y todos los años por estas fechas, de la noche a la mañana, aparece un rastro° muy raro. Es como un aro abierto°. La hierba queda toda quemada.

El buscador de prodigios preguntó si podía dibujarlo y ella dijo que no sabía, que lo pintase su marido. El marido, sin decir nada, tomó el bolígrafo y el papel que le facilitó el forastero y fue dibujando minuciosamente, mientras la mujer seguía hablando.

——Este año apareció uno más grande que el del año pasado, y casi en el mismo sitio. Medirá diez metros en lo más alargado. Todavía se ve el otro.

El forastero miró el dibujo. Su mujer extendió la mano, lo recogió, lo miró también y habló. Era la primera vez que hablaba.

——Parece un torques° ——dijo.

El dibujo fue pasando de mano en mano. Se trataba de una circunferencia ligeramente ovalada. La circunferencia no se cerraba y, en la zona más ancha, dejaba una abertura. A ambos lados de la abertura, la línea terminaba en una pequeña espiral dirigida hacia dentro, a derecha y a izquierda.

——Nosotros pensamos si podría ser uno de esos platillos° de que habla la tele ——añadió la mujer. ——Pero nunca hemos visto nada. De un día para otro, sale.

——Ya lo veremos ——dijo el forastero. ——La explicación puede ser más sencilla. Pueden deberse al micelio° de algún hongo. El clásico corro de setas°.

——Allí nunca se ha visto hongo ni seta alguna ——repuso la mujer.

El buscador de prodigios hablaba con autoridad. Le quitó la voz° a Vicenta y recorrió con la mirada al resto de la concurrencia.

——¿No saben de ninguna cosa rara?

---

se fue serenando   was calming down

alisos   alder trees

rastro   mark, trail

aro abierto   open ring

torques   *collar de los antiguos romanos*

platillos   flying saucers

micelio   stem
corro de setas   breeding place for mushrooms

le quitó la voz   *detuvo su conversación*

Por fin. Ramirín carraspeó y se puso a hablar. Apoyaba ambas manos en la porracha°, haciendo fuerza con ellas, como para dar mayor énfasis a sus palabras. Ramirín hablaba como si recitase, con un tono agudo que sonaba parecido a una arenga°.

porracha *bastón rural*

arenga harangue, speech
allei Halley

———El año del cometa allei° hubo en este pueblo un suceso extraordinario. Un gran cuerpo redondo cayó del cielo, junto a la tablada° de Tasgar. Era negro como el carbón, pero no brillaba. Estaba vivo.

tablada plot

Ramirín guardó silencio. Observaba a los oyentes con sus viejos y blanquecinos ojillos. El buscador de prodigios avanzó la cabeza con indudable curiosidad.

———¿Vivo? ———preguntó, ———¿Cómo vivo?

———¡Déjeme hablar! ———exclamó Ramirín.

———Estaba vivo. Todo alrededor de él brotaban como unas ramas blancas, parecidas a coliflores, que se movían. Chillaban°. Toda la noche estuvieron chillando, con un chillido que parecía de dolor y acongojaba°. Toda la noche, y la mañana del día siguiente.

chillaban they screamed

acongojaba *daba pena*

Ramirín guardó silencio de nuevo. Esta vez, nadie interrumpió su pausa.

———No lo olvidaré nunca. Los del pueblo estábamos viéndolo desde la otra orilla. Aquellas ramas eran como manos que se moviesen pidiendo ayuda. Resaltaban contra la masa negra del bulto. Los movimientos y los chillidos se fueron haciendo cada vez más débiles.

———A mediodía, aquellas ramas se pusieron lacias del todo y ya no se oyó nada.

Ramirín hizo otra pausa muy larga. El buscador de prodigios preguntó:

———¿Y qué fue del bulto?

———A ello iba°, carajo° ———exclamó Ramirín, ante el regocijo disimulado de los asistentes. ———El sol resecó aquellas plantas. Las lluvias fueron deshaciendo el bulto en un polvo fino, negro, que el río arrastraba poco a poco. Mataba las truchas, como la cal o la lejía. Durante todo el invierno, el río corrió

A ello iba I was getting to that
carajo (vulgarity) damn

negro hasta La Garanda. Pero para la primavera, había desaparecido.

——¿Qué me dice usted de eso?

El buscador de prodigios reflexionaba. Luego, con su voz suficiente°, en la que acaso había un deje° burlón, contestó:

suficiente   *competente*
deje   *tono*

——Mire usted, me parece muy raro, pero pienso que no tiene por qué ser un fenómeno excepcional. Imaginemos que el bulto era un meteorito. Entonces, lo que ustedes creían chillidos de agonía°, podía ser la crepitación° del meteorito, que estaría incandescente en su interior, al apagarse en el agua. Igual que silba un hierro al rojo° cuando lo enfriamos de golpe.

chillidos de agonía
  agonizing screams
crepitación   crackling

al rojo   red hot

Ramirín se había puesto de pie.

——Yo lo oí con toda claridad, señor, y entonces tenía el oído de una liebre. Eran chillidos de dolor.

El buscador de prodigios siguió hablando tranquilamente, sin tomar en consideración las palabras del viejo.

——En cuanto a las ramas o manos que se movían, una interpretación lógica me lleva a suponer que se tratase de los humos que despedía el meteorito al enfriarse. O acaso el mismo vapor desprendido del agua del río.

Ramirín el techador no se había sentado aún. Enarboló la cacha°.

Enarboló ...   *levantó su bastón*

——Yo tenía entonces la vista de un milano° y le aseguro que no era humo. Qué humo ni humo°. Eran cosas vivas.

milano   a bird of prey
Qué ... ni humo.   No such thing.

El buscador de prodigios sonreía. Habló conciliador, aunque un poco displicente°.

displicente
  desagradable

——Mire, abuelo, los sentidos nos engañan muy a menudo. Los hombres somos crédulos en exceso. Para dar fe a testimonios como el suyo debo tener pruebas más rigurosas. Con todos los respetos.

Ramirín se sentó mascullando°. Entonces, la tía Paula, con su vocecita estridente, le interpeló°:

mascullando
  muttering
le interpeló   prompted him

——Háblale del huevo, Ramiro, del huevo del lago.

El buscador de prodigios la miró con interés y se dirigió luego a Ramirín.

——¿El huevo del lago?

Pero el viejo no contestó. Con las manos apoyadas en la empuñadura curva de la cacha, musitaba en voz baja palabras ininteligibles.

Entonces, el buscador de prodigios se dirigió a la tía Paula.

——¿Qué huevo es ése, señora?

La tía Paula hablaba muy despacio. Desdentada, apenas modulaba las palabras°. Fue contando que una vez, cuando era niña, subiendo de vecera° con las vacas a los prados del lago, junto a la cueva, encontró un huevo gigantesco. Era tan alto como la espadaña de la iglesia, y blanco como la nieve. Estaba plantado allí, al pie de la cueva. De él se desprendía un aura tenebrosa°.

Desdentada, ... *sin dientes, pronunciaba mal*
vecera *pastora que se turna para hacer su trabajo*

tenebrosa dark, vaguely threatening

——Daba miedo, mocines° ——decía la tía Paula.

——Aquello era, sin duda, cosa del Malo°, y qué sé yo cuánto pesaba. Ni entre veinte hombres pudieron moverlo.

mocines *muchachos*
cosa del Malo work of the devil

——Sí señor ——añadió Ramirín, rompiendo su mutismo. ——Nadie lo pudo mover.

Recuperó la palabra, con aquel timbre agudo y su entonación de arenga.

——Aquel huevo imponía°. Hasta vino a verlo gente de la capital. Subían allí con muchas bromas, pero enmudecían cuando estaban delante. El huevo apareció por la Virgen de agosto°, y en el pueblo estábamos cada vez con más espanto, al considerar lo que podría salir de él. Por fin, para últimos de octubre, un rayo lo destrozó. El huevo se rajó y de dentro se escurría un moco blanquecino° que olía a podrido hasta marear. Aquel olor tardó años en desaparecer del todo. La cáscara del huevo se resecó al sol y los pastores fueron aprovechándola para la lumbre. Hoy ya no quedan rastros. Pero ya no hoy: años hace que se perdieron todos los rastros.

imponía was impressive

por ... agosto around August 15th

moco blanquecino whitish mucus

Ramirín quedó silencioso. La larga parrafada le había dejado jadeante°. Respiró ruidosamente va-

jadeante panting, breathless

rias veces. Luego, se dirigió al forastero con cierto aire de provocación:

——Y ahora, explíqueme usted eso.

La mujer del buscador de prodigios, que había seguido con indudable interés todos los relatos de la gente, le miró con una expresión que a mí, que estaba a su lado, me pareció particularmente intensa, como si le pidiese algo. Por un instante, los ojos del forastero se fijaron en su mujer y titubeó°. Fue una duda muy breve pero yo, que estaba junto a ella y muy cerca de él, la advertí claramente. No sé si lo que hizo luego respondía a la silenciosa petición de ella; el caso es que habló aún con mayor rotundidad°.

titubeó   hesitated

con … rotundidad   *con más énfasis*

——Naturalmente que se lo voy a explicar.

Era una noche cálida, pero en la tienda se estaba fresco. A través de las puertas abiertas de par en par°, entraba el murmullo claro del río, corriendo valle abajo. Alguna mariposa caía desde la lámpara y quedaba sobre la mesa, revoloteando penosamente°. El buscador de prodigios sacó la casette del aparato, le dio la vuelta y apretó de nuevo las teclas.

de par en par   wide open

revoloteando …   fluttering painfully

——No es que mi explicación sea la correcta, pero les aseguro que es plausible. Ningún pájaro monstruoso puso aquel huevo. Ningún reptil inenarrable°. No era un huevo.

inenarrable   *indescriptible*

Nadie dijo nada. El buscador de prodigios se sirvió otra copa de orujo°, bebió un buen sorbo y luego rebuscó en su mochila, hasta sacar un pequeño libro que hojeó° rápidamente.

orujo   *bebida rural*

hojeó   looked over

——Otra vez las setas. Era un licoperdon. Un pedo de lobo°, para que lo entiendan. O un escleroderma°. Se han encontrado algunos verdaderamente descomunales°.

pedo de lobo   *enorme hongo esférico*
escleroderma   *hongo de corteza muy dura*
descomunales   *enormes*

——Nada de eso ——exclamó la tía Paula con su voz líquida y tremblequeante. ——Estoy harta de ver setas, y pedos de lobo. Me he pasado la vida por estos montes. Aquello no era una seta.

Entonces, antes de que el buscador de prodigios replicase, su mujer habló. Había encendido un cigarrillo y le temblaba un poco la mano con que le sostenía.

——Ellos lo vieron y tú no. ¿Cómo puedes estar tan seguro de que se equivocan?

El forastero miró a su mujer con desconcierto.

——Eres tú quien les ha pedido que te lo cuenten ——añadió ella. ——Tú mismo.

——Bueno, ——repuso él, con cierta sequedad, ——yo sólo pretendo advertir de que, muchas veces, nuestros sentidos se confunden.

Segunda parte

Así que a mí me regocijaba subir con ellos hacia la cueva, participar de algún modo en aquella aventura que interfería, placentera, el tiempo también gustoso de las vacaciones.

Cuando comenzamos la marcha el sol no estaba aún muy alto, y en la mañana fresca y luminosa había una atmósfera de gran pureza y esa claridad especial de los sonidos primeros del día. El mulo llevaba los bultos. El buscador de prodigios andaba con ritmo invariable. Su mujer se detenía a veces y hablaba conmigo, o recuperaba el aliento. Al hombre no le gustaban aquellas paradas y nos llamaba la atención golpeando en las piedras con la contera de hierro° de su cacha.

contera de hierro metal tip

A su mujer le despertaban la curiosidad muchas cosas: el gran tamaño de las hojas de los robles, las huellas de los jabalíes en las manchas de hierba que, al pie de las fuentes, interrumpían el monte enmarañado° por el abandono; la posible identidad de los pájaros que pasaban volando o hacían el reclamo desde la espesura. Conforme íbamos subiendo°, se descubría más claramente la larga perspectiva montuosa que remataba en la lejana cordillera. La absoluta diafanidad del día se hacía evidente al contemplar los espacios cada vez más dilatados°: las crestas

monte enmarañado tangled vegetation

conforme ... as we climbed

dilatados *extensos*

blanquecinas de las montañas, las manchas azuladas
de los bosques, los valles verdes, la cinta del río
brillando en los recodos, bajo un cielo sin una sola
nube.

——Venga, vamos ——nos urgía el buscador de
prodigios.

Ella guardaba entonces el guijarro° que había lla-
mado su atención, o abandonaba los cardos azulados
que se había detenido a contemplar, y reemprendía
la marcha sin decir nada.

guijarro   pebble

Cuando llegamos a lo alto, ella lanzó una exclamación de asombro. La claridad de la mañana parecía
relumbrar allí con toda su fuerza. El lago estaba
azul. Sobre la pradera que le rodeaba, verde todavía
en aquellas fechas, pastaban las vacas, entre un lento
retiñir de esquilones°. Presidiendo el lago, la peñona, con el enorme arco gris que enmarcaba la
boca de la cueva, parecía un monumento construido
expresamente para alguna eterna conmemoración.

retiñir de esquilones
   jingling of cow bells

Descargamos junto al chozo las cosas de comer, las
mantas, los sacos y la tienda de campaña y, sin
pausa—porque el buscador de prodigios quería llegar a la cueva cuanto antes—subimos. Arriba, le
ayudé a descargar la mula y a acercar la batería y los
otros paquetes a la boca misma de la cueva.

El sol calentaba ya bastante, y en la sucesión de
líneas onduladas que iban hasta el horizonte reverberaban los grises, los ocres, los verdes oscuros. Sobre las montañas, comenzaba a mostrarse una ce-
nefa° de nubes blancas y aborregadas°.

cenefa   border
aborregadas   fleecy

Entramos los tres en la cueva, transportando los
bultos. El techo era mucho más alto que la boca y la
iluminación oblicua, muy violenta a aquella hora,
hacía brillar la humedad como plata y recortaba°
contra el fondo, como gigantescos colmillos contra
una fauce° oscura, las primeras estalactitas. Justo en
la boca de la cueva, un gran matorral de manzanilla
parecía proclamar el contraste entre el mundo exterior y esta húmeda oscuridad.

recortaba   contrasted

fauce   inner part of the
   throat

Yo fui guiándoles. Les expliqué con orgullo que
había sido uno de los descubridores de las pinturas,

en una excursión del Colegio que capitaneó Don Froilán. Les conté cómo, ayudados de linternas, escudriñamos distintas galerías, sin sospechar en ningún momento que nos toparíamos con° aquel largo friso° presidido por el gran jabalí oscuro. El primero en verlo fue el hijo del cabo°.

Aunque hablaba con la voz baja, el eco se multiplicaba en una lejanía de murmullos que parecían surgidos de las gargantas de oscuros habladores que nos atisbasen° desde la negrura. Cuando llegamos a la galería, el buscador de prodigios pasó rápidamente su linterna por las pinturas.

——Esto es bueno ——dijo. ——Muy bueno. ¿No hay más?

Le dije que nosotros no habíamos visto más que éstas, y unas manos muy borrosas en la gruta grande.

——Muy bueno ——repitió. ——Habrá que seguir buscando.

Se puso a desenrollar los cables y a preparar los focos. Varias veces nos dijo que nos apartáramos. Su mujer contemplaba las pinturas con ayuda de la linterna, comentando lo que representaba cada una. Todas eran de animales: caballos, ciervos, tres jabalíes, algún rebeco. Sus ojos brillaban de excitación y el aliento de su boca ascendía como el humo de un fuego diminuto.

Luego, mientras el buscador de prodigios iba iluminando la gran pared y preparaba, con una minuciosidad lenta y sólida, los aparatos fotográficos, ella y yo recorrimos la gruta. Del techo se desprendían, con ritmo milenario° y eco desmesurado, las gotas de agua. Las estalactitas resplandecían: unas como nácar; en otras se entreveraba el rojo con el verde como si un pintor las hubiese decorado. El silencio era enorme, pero se presentía una vibración misteriosa, como si de verdad estuviésemos más cerca del corazón incansable de la Tierra.

——Tengo frío ——dijo ella, al rato.

Cuando volvimos, él seguía su lenta y cuidadosa ordenación de aparatos.

---

nos toparíamos con *encontraríamos*
friso frieze
cabo army corporal

atisbasen *observaran*

ritmo milenario timeless rhythm

——Yo tengo frío ——le dijo ella ——y apetito. ¿Por qué no salimos a comer?

——Vete comiendo tú ——repuso él, casi sin mirarnos. ——Ya iré yo, no te preocupes.

Salimos los dos. El mediodía reposaba sobre el mundo. Las vacas estaban inmóviles: sólo en el continuo rumiar y en los súbitos golpes de rabo manifestaban su condición de vivientes. La superficie del lago estaba también quieta y lisa como materia sólida y brillante.

La chica me miró aproximando el rostro, con una sonrisa.

——Mira, me voy a bañar. A ti no te importa, ¿verdad? Me iré lejos.

Yo me encogí de hombros.

——Está helada ——advertí.

Me quedé a la sombra del chozo. Los chapoteos° de su cuerpo blanco en el agua oscura, retumbando contra la peñona entre el brillante reverbero y la quietud de la hora, incorporaban una novedad que el paisaje asumía sin turbación. Al cabo subió, comimos, y yo me quedé amodorrado° a la sombra fresca de las piedras del chozo, hasta que me sobresaltó la llegada del buscador de prodigios, que comió rápidamente y subió otra vez a la cueva. Ella lo acompañó, y yo me quedé solo durante casi toda la tarde.

Volvió cuando el sol estaba bastante bajo. Estuvimos paseando junto al lago y luego trepamos a las peñas. Las montañas, al fondo, iban oscureciéndose, tras las masas doradas de los montes más cercanos. Medio lago estaba en sombra y las golondrinas volaban sobre él, casi tocando la superficie del agua. Yo le pregunté por el buscador de prodigios.

——Ya le falta poco para terminar ——contestó. ——Se pasó el día buscando más pinturas.

Todo iba quedando en sombra, salvo la cumbre de la peñona. El cielo se fue volviendo turquesa, y un aliento de frescor recorrió los collados°. Ella me había ayudado a recoger leña y teníamos preparado un gran montón, delante del chozo. Luego, le ayudé

chapoteos splashes, drips

amodorrado sleepy, not energetic

los collados *las colinas*

a montar la pequeña tienda de campaña, a hinchar las dos colchonetas y a desenrollar los sacos.

Estábamos los dos sentados, mirando hacia el lago. De pronto, lanzó una exclamación de asombro.

——¡Mira, mira!

En el cielo había un objeto oscuro, redondeado, que se iba haciendo cada vez mayor. No era un avión. Al poco tiempo estuvo casi encima nuestro, y me asusté de pensar que fuese a caernos encima. No tenía luces ni forma definida. Parecía una gran roca. Sin ruido, se posó en la pradera, junto al lago, y entonces reconocí su forma inmediatamente: era una casa vieja, una palloza° muy bien techada de cuelmos°.

Las vacas no se inmutaron° y, unos instantes más tarde, parecía que aquella palloza había estado allí desde siempre. Se abrió la puerta de madera, y un chiquillo salió corriendo y, detrás, una mujer que le persiguió, le atrapó, le dio unos azotes y le volvió a llevar dentro.

Nosotros no hablamos. A mí me temblaba todo el cuerpo y me castañeteaban los dientes. Ella entonces aplastó el cigarrillo que estaba fumando, se levantó y echó a andar hacia la casa. Yo la sujeté por un brazo.

——¿A dónde va, qué va a hacer?

Ella me miró.

——Ven, vamos a ver eso.

Yo la solté y no repuse nada. Ella descendió por la ladera, llegó hasta la casa, penetró. Yo me acerqué unos metros más. La casa estaba silenciosa, aunque una luz amarillenta, vacilante, salía por el vano de la puerta.

Me detuve y me quedé allí, a quince pasos, llorando de miedo, hasta que la noche lo fue oscureciendo todo y el camino y todas las estrellas cruzaron el cielo y el lago. Entonces me llamó él. Estaba junto al chozo. Subí corriendo a su lado.

——¿Qué pasa? ——me preguntó.

Yo no sabía cómo explicárselo. Mis palabras se atropellaron mientras le indicaba que aquella cons-

palloza old house
cuelmos candlewood, a kind of resinous wood
no se inmutaron *no se alteraron*

trucción había bajado del cielo. No sé si me entendió.

——Tranquilízate, chico.

Me puso la mano en la frente.

——¿Cómo va a bajar del cielo, hombre? ——señaló el chozo. ——Entonces, esto, ¿también bajó del cielo?

Yo insistí. Lloraba otra vez. Le dije cómo la habíamos visto descender, lenta, silenciosa. Le dije que ella estaba ahora allí dentro.

Percibí claramente que el buscador de prodigios acogía mis palabras con embarazo° y que me respondía con cierto aire conciliador, inédito° hasta entonces en su comportamiento.

——Tú tranquilo, hombre, tranquilo. ¿Has cenado?

Yo negué con la cabeza.

——Vamos a comer algo, y luego te echas a dormir.

Señaló a la casa y sacudió la mano.

——A ella es mejor no molestarla. Estará con sus cosas. Estudiando.

Cenamos con apetito. No me acordé de prender fuego a la hoguera, y el montón de leña reposaba a unos metros como un gigantesco erizo. Cuando terminamos de cenar, él se levantó y bajó unos metros, contemplando la palloza más de cerca, como titubeando. Volvió arriba otra vez y bebió a morro° de la pequeña botella.

——Me da pereza°, chico ——me dijo. ——Además, mejor dejarla a ella a su gusto. Yo me voy a dormir.

Abrió la cremallera° de la tienda y se desnudó con parsimonia°. Al fin, sin despedirse, se metió dentro y cerró otra vez. En poco tiempo, y tras nuevos ruidos de cremallera, le oí roncar suavemente. Y yo, que tenía previsto dormir en el chozo, me quedé allí fuera mucho rato, hasta que tuve frío y me envolví en una manta, sin dejar de contemplar la palloza que había venido del cielo. Salía de ella un murmullo

embarazo difficulty

inédito *desconocido*

bebió a morro *bebió sin vaso*

Me da pereza It makes me lazy

cremallera zipper

con parsimonia calmly, unhurriedly

ininteligible de conversaciones, y alguna carcajada° aislada. La luz del interior continuaba siendo leve, amarillenta y temblequeante.

carcajada howl of laughter

Busqué cerillas y prendí fuego a la hoguera. Las llamas enormes crearon un entorno luminoso que dejaba en tinieblas todo excepto el chozo, la tienda de campaña, el mulo acostado, los bultos. El reverbero caluroso me amodorró otra vez, hasta que vi la silueta de ella aparecer súbitamente en la frontera del círculo de luz rojiza. Me levanté y corrí hacia ella.

——¿Qué pasó, quién es esa gente? ——pregunté.

Ella sonrió. Traía las mejillas sonrosadas. Me pasó la mano por el pelo.

——¿Cómo no duermes? Anda, acuéstate.

Bajó la cremallera y entró en la tienda. Él debió despertarse, y refunfuñó°. La hoguera estaba en las brasas y no había luna, de modo que la noche tenía una oscuridad impenetrable. Entré en el chozo y me tumbé sobre el poyo°, pero apenas pude dormir: los ruidos de la noche—ligeros y profundos a un tiempo—y el recuerdo de la gran mole de la palloza descendiendo del espacio me mantenían entre la duermevela° y el puro insomnio. Cuando una porción de la lejanía fue definiéndose sobre la oscuridad, oí ruido de cremalleras y de ropas movidas y salí del chozo.

refunfuñó *protestó*

poyo stone bench

duermevela light sleep, broken sleep

Allí estaba ella, sentada en una roca, abrochándose los zapatos. Sin verme, revolvió en la mochila y fue sacando cosas que metía en una bolsa de plástico con asas. Cuando terminó y alzó los ojos, el alba clareaba°. Me sonrió otra vez y se acercó a mí.

——¿Te gustan los tebeos?° ——me preguntó.

Yo asentí y ella me alargó un montón de ellos, enrollados.

el alba clareaba the day was breaking
tebeos comic books

——Toma ——me dijo.

Señaló la tienda de campaña y continuó:

——Despídeme de él°.

Echó a andar ladera abajo°, hacia la palloza que ahora se marcaba más claramente, cercana al agua oscura del lago, mientras en el cielo se iba diluyendo

Despídeme de él Say goodby to him for me
ladera abajo downhill

el azul oscuro. Empujó la puerta de la casa y entró, cerrando a sus espaldas. El portazo retumbó° en el amanecer, como anunciando el despertar.

    Entonces él se despertó y la llamó, varias veces. Por fin, abrió la puerta de la tienda y salió. Me miró con extrañeza°. Yo señalé la palloza, indicándole el lugar donde ella se encontraba.

    Y nos quedamos los dos contemplando la palloza, que empezó a separarse del suelo silenciosamente y prosiguió su ascensión, cada vez más rauda°, hasta desaparecer entre la claridad del día naciente, que aún no había conseguido apagar el fulgor° de las estrellas.

retumbó resounded

con extrañeza in wonder

rauda *rápida*

fulgor radiance

Preguntas

A. Primera parte

1. ¿Quién nos cuenta esta historia? ¿Sabe usted la edad aproximada del narrador? ¿Cómo lo sabe?

2. ¿Cuándo llegó al lugar el buscador de prodigios? ¿Sabemos cómo se llama el pueblo?

3. ¿Cómo era la mujer que lo acompañaba?

4. ¿Qué fue lo primero que el forastero le preguntó al abuelo?

5. ¿Qué quiso saber el hombre cuando el abuelo le dijo que ya era tarde para subir a la cueva?

6. ¿Qué le preguntó la mujer al chico?

7. ¿Cuál es la profesión del forastero? ¿Cuál es el propósito principal de su viaje al lugar?

8. ¿Qué otras cosas le interesaban al forastero? ¿Qué le pidió al abuelo?

9. ¿Quiénes vinieron después de cenar?

10. ¿Qué les pidió el forastero a los visitantes?

11. ¿Quiénes eran los "aparecidos" en el monte, después de la guerra, según Vicenta?

12. ¿Qué contó Ramirín que ocurrió el año del cometa Halley?

13. ¿Qué le pidió la tía Paula a Ramirín? ¿Quién relató al fin lo que ella quería que contara Ramirín?

14. ¿Qué explicación dio el forastero sobre este hecho?

15. ¿Hay alguna discrepancia entre el forastero y su mujer?

B. Segunda parte

1. ¿Cuándo comenzaron la marcha hacia la cueva? ¿Cómo estaba el tiempo?

2. ¿Qué parecía proclamar el contraste entre el mundo exterior y la oscuridad de la cueva?

3. ¿Qué sensación producía el enorme silencio que dominaba la cueva?

4. ¿Qué vieron el chico y la mujer al salir de la cueva? Describa brevemente cómo "el mediodía reposaba sobre el mundo".

5. ¿Qué quiso hacer entonces la mujer? ¿Dónde se quedó el chico?

6. ¿Qué vieron el chico y la mujer mientras esperaban al forastero sentados, mirando hacia el lago?

7. ¿Cómo reaccionó el chico y qué hizo la mujer?

8. ¿Qué le preguntó el forastero al chico al salir de la cueva? ¿Qué le contestó el muchacho?

9. ¿Cómo reaccionó el forastero ante el nerviosismo del chico? ¿Qué dijo acerca de la mujer?

10. ¿Qué salía de la palloza mientras el chico la observaba?

11. Cuando la silueta de la mujer apareció súbitamente, ¿qué hizo ella y qué le dijo al chico?

12. Al amanecer, cuando la mujer salió de la tienda, ¿qué le dio al chico y qué le dijo? ¿Qué hizo entonces la mujer?

13. ¿Qué impresión le ha causado este cuento? ¿Le parece verosímil lo narrado?

Temas

1. Comente las actitudes distintas del hombre y de la mujer al escuchar los relatos de los campesinos durante la reunión.

2. El autor de este cuento "pinta" escenas como un pintor. Repase el relato y señale todas las referencias a los colores y a la luz.

3. Relate alguna experiencia propia, o de algún amigo o familiar, que tenga carácter fantástico, como este cuento.

Ejercicios

A. Distintas formas de mandato

En español hay una forma de mandato suave, usado a menudo en lenguaje coloquial. Consiste simplemente en el presente de indicativo. Al principio de este cuento, el abuelo le dice a Julianín: "Vas a subir a estos señores a la cueva", que equivale a decirle "Sube a estos señores a la cueva". Y agrega a continuación: "Te llevas la mula", que es lo mismo que decirle "Llévate la mula". Siguiendo ese patrón, cambie al imperativo o mandato directo las siguientes expresiones:

1. Camino de la escuela, me echas esta carta al correo.

2. Cuando veas a Melinda, le dices que me llame.

3. Esto lo colocas al lado del escritorio.

4. Al regresar de la fiesta, llamas a tu mamá para que sepa que ya estás en casa.

5. Primero haces la tarea del colegio y después, te bañas.

Cambiar los siguientes mandatos a la forma coloquial.

6. Abríguese usted bien al salir, porque ha bajado mucho la temperatura.

7. Si llegas primero, espérame en el vestíbulo.

8. Tan pronto lo sepas, avísame.

9. Si no tienes tiempo, déjalo para mañana.

10. Después de leer la carta, dásela a Regina.

B. Del verbo al adjetivo

El participio pasado se usa frecuentemente como adjetivo. Dé la forma correcta del participio pasado de los siguientes verbos y escriba una oración usándolo en su función de adjetivo.

1. estacionar

2. arrugar

3. aparecer

4. encantar

5. quemar

6. alargar

7. parar

8. aislar

9. descansar

10. acostar

C. Las mini palabras

En el actual lenguaje coloquial es frecuente acortar las palabras, principalmente entre los jóvenes. En este cuento el chico habla de la bici (bicicleta) y la tele (televisión). Identifique las palabras correspondientes a los vocablos en letra cursiva.

1. Los chicos regresaron temprano del *cole*.

2. El novio de Elena está terminando el servicio en la *mili*.

3. La *seño* me pidió que la ayudara a recoger los exámenes.

4. La chica dijo que la *profe* la había castigado sin motivo.

5. Es una estudiante *progre*, de ideas muy modernas.

Antonio Muñoz Molina

Antonio Muñoz Molina nació en la ciudad de Úbeda, provincia de Jaén, en la región de Andalucía, tan prolífica en escritores y artistas, a comienzos de 1956. Tras estudiar periodismo en Madrid, obtuvo su licenciatura en historia del arte en la Universidad de Granada, donde ha vivido desde que tenía 18 años.

En 1984, Muñoz Molina recogió en *El Robinson urbano* 31 artículos periodísticos publicados en *Diario de Granada* entre mayo de 1982 y junio de 1983, más uno aparecido en *Olvidos de Granada,* «Todos los fuegos, el fuego». A este volumen siguió en 1985 otra recopilación de artículos de prensa, bajo el título de *Diario del Nautilus.*

En enero de 1986 publicó su primera novela *Beatus Ille,* que obtuvo el Premio Icaro. En 1987, apareció su segunda novela, *El invierno en Lisboa,* ganadora del Premio de la Crítica y el Premio Nacional de Literatura, ambos de 1988. En marzo de 1989, salió a la luz su tercera novela, *Beltenebros,* en la que su arte de narrar con precisión y maestría vuelve a mostrar su plenitud. Y ese mismo año publicó su interesante libro *Córdoba de los omeyas.* Con su novela *El jinete polaco* ha obtenido el Premio Planeta 1991.

Muñoz Molina está reconocido por la crítica como uno de los jóvenes narradores más valiosos de la actual novelística española. Sus ficciones

son novelas de amor en las que los personajes vagan solitarios y desarrai-
gados por calles brumosas y misteriosos bares de grandes ciudades
ajenas e indiferentes. Algunos críticos prefieren subrayar su gusto por
los recursos de la novela policíaca — un crimen, algunos atracadores, un
detective arrogante o un policía avispado — pero él se niega a dejarse
encasillar en el género. La intriga, el enigma y el crimen son para él
metáforas "del misterio básico que son las relaciones entre los personajes...." y añade, refiriéndose a *Beatus Ille* "... mi intención era que una
persona normal ... de pronto se viera atrapada por el espanto ...".*

La selección aquí incluida pertenece a su colección de cuentos *Las
Otras Vidas*, publicada por Mondadori España, S.A. (Madrid, 1988).

---

*«El que habita en la oscuridad: Entrevista con Antonio Muñoz Molina». Juan
Francisco Martín Gil. *Quimera* No. 83, Noviembre 1988, 27.

La colina de los sacrificios

Primera parte

Sin volverse hacia la puerta que el guardia de uniforme no se había atrevido a abrir del todo, el inspector hizo un gesto con la mano y le ordenó que se marchara. "Dice el forense° que vaya usted", murmuró el guardia, sosteniendo la gorra de plato° con un aire vagamente rural, y su compañero, el que tomaba a máquina la declaración, levantó los ojos del teclado y con una rápida mirada le indicó que se fuera, señalando al acusado, que guardaba silencio y se miraba las manos blandas y caídas entre las rodillas, observando de soslayo al inspector, porque temía su ira, sobre todo ahora, cuando la confesión de aquel hombre de traje gris y frente sudorosa estaba a punto de concluir. "Le dice usted al forense que no estoy", dijo el inspector, y el guardia, tras un instante de duda, volvió a cerrar suavemente la puerta, entornándola° despacio para que le diera tiempo a ver la cara del acusado, sus ojos neutros y miopes°, su expresión de fatiga o de lenta sorpresa, pues parecía no haber entendido aún que estaba preso y que lo iban a condenar por asesinato.

"Pero no tiene cara de asesino", pensó el inspector, recordando otras caras que había visto exactamente en la misma habitación y a la misma distancia, otras miradas inmunes al miedo y a la contrición que no

forense forensic investigator: official who investigates deaths

gorra de plato flat cap

entornándola half-closing it
miopes near-sighted

Nota: Este cuento aparece dividido en tres partes para facilitar su estudio. Las preguntas a continuación están igualmente divididas en tres partes. Esta división es nuestra, no del autor del relato.

eludían la suya, que la desafiaban°, serenas miradas de asesinos esposados y erguidos° que regresaban luego a los calabozos caminando por los sucios pasillos y las oficinas con una familiaridad desdeñosa, casi condescendiente, como jugadores de azar que tuvieron una mala partida y saben que alguna vez, muy pronto, obtendrán de nuevo el favor de la suerte. El inspector los observaba siempre con la atención de quien debe descifrar un enigma°, les hacía preguntas que ellos no contestaban y que seguía repitiendo después de conocer las respuestas, los golpeaba a veces, una bofetada° con el dorso de la mano o un amago de patada° en el vientre, y los veía luego jadeando en el suelo, no de miedo, sino de rabia, las manos juntas en las ingles°, las rodillas contra el pecho, como animales encogidos, criaturas de una especie no del todo animal ni del todo humana que se volvían hacia él para no dejar ni un instante de mirarlo, para estar seguros de que no olvidarían su rostro, calculando con una mezcla extraña de inteligencia y de instinto la próxima pregunta o el próximo golpe o el tiempo que tardarían en salir a la calle y en encontrarse a solas frente a él, ya vulnerable, ya cercado y condenado en la oscuridad de una noche sin luces.

Que hubiera hombres que mataban serenamente a otros y que alguno de ellos sobreviviera en las cárceles o en las lejanas barriadas° de la desesperación animado por el solo propósito de matarlo a él no eran para el inspector enigmas morales, sino más bien misterios de la naturaleza física a los que con los años había terminado por acostumbrarse en la misma medida en que uno se acostumbra al paso del tiempo o a la seguridad de morir y de no saber cuándo. Ante esos hombres, incluso ante las fotografías de sus fichas°, notaba como un imán° la sensación de un peligro más oscuro que el miedo y casi ajeno a él: era una inminencia de vacío° o de espanto que sólo en los sueños reconocía del todo y que muchas veces perduraba después del despertar,

desafiaban   challenged
erguidos   proud in manner

enigma   *misterio*

bofetada   slap in the face
patada   *golpe con el pie*

ingle   groin

barriadas   *barrios*

fichas   police records
imán   magnet
inminencia de vacío   sensation of emptiness

como el aliento o el ruido de las pezuñas° de un   **pezuñas** hoofs
animal tras una puerta cerrada.

Pero este hombre no era como los otros, aunque
hubiera matado con notoria frialdad, aunque hubiera recordado minuciosamente—y con la misma
torpe lentitud con que el guardia tomaba a máquina
su confesión, usando sólo dos dedos y deteniéndose
a veces para mirar con desaliento° el teclado—la   **desaliento** dismay
noche de quince años atrás en que levantó un hacha°   **hacha** axe
de cocina sobre la cabeza inclinada de su mujer y le
partió el cráneo en dos mitades iguales. Hablaba en
voz baja, mirándose las blandas manos enlazadas°,   **enlazadas** *cruzadas*
las uñas ligeramente sucias, procurando ocultar con
ademanes° inconscientes los puños de la camisa, os-   **ademanes** gestures
curos y gastados al cabo de dos noches de celda.
Hablaba como creyendo que su mansedumbre° lo   **mansedumbre** meekness
defendería de la indignidad, aunque no de la culpa,
sí al menos del oprobio° de no haberse cambiado de   **oprobio** shame
ropa en los últimos días y de oler a sudor y a comida
de cárcel. Más que de asesino tenía cara y modales°   **modales** manners
de cajero antiguo°, de cajero paciente y un poco   **antiguo** old-fashioned
servil°, honrado hasta el límite de la pobreza, de la   **servil** subservient
tranquila y digna estupidez, uno de esos cajeros que
contaban millones con dedos pulcros° y eficaces y no   **pulcros** *limpios*
se concedían ni el pensamiento de un desfalco°,   **desfalco** *robo de fondos*
acaso únicamente se atrevían a imaginar un robo
módico y restituible°, una pequeña vileza°, pues no   **módico y restituible** *modesto y que es posible devolver*
siempre era la honradez, sino la mezquindad°, lo   **vileza** vileness
que los apartaba del delito, y cuando uno de ellos lo   **mezquindad** stinginess
cometía se obstinaba° más tarde en una enfermiza   **se obstinaba** *insistía*
lealtad al castigo: dejaba pistas evidentes, se inscribía
en un hotel con su propio nombre, acataba° por fin   **acataba** *aceptaba*
la cárcel y la deseada vergüenza igual que había
obedecido durante media vida los horarios del
banco.

Tampoco este hombre se había molestado mucho
en esconderse. Sólo un poco, al principio, cuando
dejó la casa y la ciudad y obtuvo un empleo de
vigilante nocturno, luego de vendedor en una gasolinera, dijo, pero no recordaba el nombre del lugar
donde estaba, una carretera por la que casi no pasa-

ban automóviles, lejos, hacia el sur, en la sierra, recordó con desgana°, como si su vida de entonces no mereciera más que el desdén o el olvido. Mientras lo oía hablar, el inspector imaginaba un paisaje despojado° y remoto, las luces de la gasolinera brillando pálidamente en la claridad vacía e inmóvil de un amanecer, miraba al hombre de anchos rasgos carnosos° y corbata de vendedor en quiebra° queriendo imaginar cuál habría sido su aspecto quince años atrás, en la gasolinera, la lenta oscilación° de su andar cuando escuchara el claxon de un automóvil solitario que tal vez se había extraviado° de noche en su camino hacia el mar. Lo imaginó silencioso e inhábil, un poco obeso bajo el mono azul. Mirando sus manos, que debían tener una suavidad ligeramente húmeda, el inspector las vio manejar con cuidadosa torpeza° el grifo de la gasolina o las monedas para el cambio, manos tibias e inútiles, no educadas para la fuerza ni para la caricia, menos aún para cerrarse en torno al mango de un hacha, ni siquiera entonces, aquella noche, cuando arrastraron un cuerpo y usaron una pala y un azadón° de jardinero para abrir una fosa° en la tierra húmeda y negra y cerrarla luego apresuradamente, cuando ya estaba a punto de amanecer. "Seguro que le salieron ampollas°", pensó el inspector, sin darse cuenta de que ya no oía el ruido de la máquina de escribir, porque el hombre se había quedado en silencio, "seguro que no le temblaron ni cuando levantó el hacha".

Dijo que pasó dos o tres años en aquella gasolinera y que la mayor parte del tiempo estuvo solo. Una vez a la semana el dueño iba para hacer las cuentas y llevarse la recaudación°. Una o dos veces al mes, según la época del año, recibía la visita del camión cisterna° que llenaba los depósitos. Él dormía en un cobertizo° y cocinaba su comida monótona en un infiernillo de petróleo°. Con estupor, con un poco de recelo°, el dueño se acostumbró a aquel empleado gordo y silencioso que nunca discutía el sueldo tan mezquino ni tomaba días libres. Cada semana le

desgana   *indiferencia*

despojado   open, featureless

rasgos carnosos   fleshy features
en quiebra   *sin un centavo*
oscilación   *movimiento*
extraviado   *perdido*

torpeza   *lentitud*

pala y azadón   a spade and hoe
fosa   grave

ampollas   blisters

recaudación   amount collected

camión cisterna   tanker
cobertizo   shed
infiernillo de ...   small oil stove
recelo   fear, distrust

subía a la gasolinera latas de conserva, café instantá-
neo, leche condensada. Una vez, movido acaso por
un cierto sentimiento de culpa, porque nunca pudo
imaginar que encontraría un empleado tan dócil y
tan escrupuloso en el trabajo, en las cuentas, incluso
en la limpieza de los surtidores° y del pequeño co-   **surtidores**   pumps
bertizo que habitaba, le llevó una botella de coñac y
un cartón de cigarrillos de contrabando. El hombre
sonrió y le dijo que no fumaba ni bebía.

De modo que durante dos o tres años no hizo otra
cosa que permanecer sentado junto al cobertizo mirando la carretera desierta y levantándose muy de
vez en cuando para llenar el depósito de un automóvil y limpiarle el parabrisas y encender a la caída de
la noche las luces de la gasolinera. Ya no tenía miedo
a ser atrapado por la policía y ni siquiera se paraba a
recordar con detalle su vida anterior o la noche del
crimen. El inspector supuso que ya ni tenía remordi-
mientos, si es que los había tenido alguna vez, porque uno no puede arrepentirse de algo que no recuerda haber hecho o que tiene la incompleta
sensación de haber soñado. Había en él la sugestión
de una quietud fetal, hermética y blanda, como el
sosiego° lentísimo de esos animales que duermen   **sosiego**   *tranquilidad*
durante todo el invierno. El inspector nunca llegó a
saber exactamente dónde y cómo había vivido
cuando dejó la gasolinera ni por qué se marchó de
allí, pero daba igual, podía haberse quedado quince
años enteros sentado a la puerta del cobertizo o en el
cuarto del hotel donde lo detuvieron, siempre idén-
tico a sí mismo en su pesada desgana y en su inmovi-
lidad, tan indiferente como un feto al paso del
tiempo y al mundo exterior, a la cárcel, a la habitación donde estaba siendo interrogado.

Era una habitación pequeña, desnuda, sin ventanas, sin nada, sólo las dos sillas frente a frente, la
del inspector y la del acusado, y la mesita con ruedas
donde el guardia escribía a máquina, la bombilla
blanca colgando sobre las dos cabezas, los cigarrillos
aplastados en los rincones, nada más, nada, la luz
brillando en la pintura plástica de las paredes, y

afuera, detrás de la puerta, en los corredores de la comisaría, un rumor de pasos y voces y máquinas de escribir y teléfonos, un rumor de insomnio, de gentes sonámbulas que no duermen de noche, que están menos acostumbradas a la claridad del día que a la de los tubos fluorescentes, el olor del aire donde humean siempre cigarrillos mal apagados en los ceniceros, pisados sobre las baldosas° de los corre- **baldosas**   floor tiles
dores donde nunca dejan de escucharse pasos. Sentado en medio de la habitación, el hombre permanecía fatigado y tranquilo, con sus dedos enlazados sobre la prominencia del vientre, con aquellos ojos ausentes tras los cristales de las gafas.

El inspector no recordaba que aquel hombre lo hubiese mirado ni una sola vez. Parecía que sus pupilas tuvieran la virtud de no fijarse en nada ni en nadie, sólo en las manos gruesas y pequeñas, en las uñas sucias. Con una brusca y silenciosa furia el inspector se puso en pie y advirtió que tenía las rodillas entumecidas°, llevaba horas encerrado allí, **entumecidas**   numb
mirando al acusado, buscando en su cara un gesto que le permitiera descifrar el enigma que sus palabras no iban a revelarle. Deseaba irse, salir de la habitación durante cinco minutos, ir al despacho del forense o al del comisario y decirles que ya tenía completa la confesión, pero le parecía al mismo tiempo que lo ignoraba todo y que no tendría la tenacidad o la astucia° necesarias para averiguar un **astucia**   cleverness
solo indicio° verdadero. Cuando ya había girado el **indicio**   indication
pomo° de la puerta se volvió y la cerró de nuevo **pomo**   doorknob
apoyando en ella la espalda como para prohibirse a sí mismo la tentación de salir. Creyó haber oído que alguien repetía su nombre por un altavoz. Se acordó del forense, de su bata blanca, de sus modales de músico, y sintió un acceso de ira que misteriosamente le devolvía la ecuanimidad.

——Había otra mujer, ¿no? ——dijo muy suavemente.

——¿Otra mujer? ——por vez primera el hombre lo miró. ——No entiendo.

——Claro que entiende ——el inspector se situó
de nuevo frente a la cara del otro y se inclinó hacia él
apoyando las dos manos en el respaldo de su silla,
como asomándose° a un balcón. ——Había otra
mujer y usted estaba harto° de la suya. Una mujer
joven y muy impaciente. ¿La conoció en uno de esos
bares con poca luz adonde van los viajantes? Usted la
dejaba y volvía a su casa creyendo que su mujer ya
estaría dormida, pero ella lo esperaba siempre por
muy tarde que llegara. Lo esperaba haciendo punto°
con una de esas batas que usan al cabo de diez años
de matrimonio. ¿A que sí? ¿A que la llevaba puesta
aquella noche en la cocina?…

   El inspector miró en torno suyo y se quedó bruscamente en silencio, como si acabara de descubrir que
estaba hablando para nadie y que la saña° que fingía
era tan inútil y casi tan ridícula como su complacencia en la vulgaridad. Batas acolchadas° y agujas de
punto sobre un sofá tapizado de plástico marrón.
Pero no, una rápida corazonada° le hizo saber que
no había inventado del todo lo que acababa de decir,
que su imaginación se estaba sirviendo de un recuerdo inconsciente, porque él vio un sofá de esa
clase en algún lugar y lo olvidó en seguida y ahora
volvía a verlo, tirado entre escombros, muy cerca de
la excavadora, con la tapicería desgarrada°, brillando bajo la lluvia y los reflectores, de noche, en
una noche que ahora le parecía más antigua que los
inviernos de su infancia, pero que había sucedido
apenas diez días atrás, cuando se acercó al borde de
la zanja° recién abierta por la excavadora y vio el
cráneo sobre la tierra negra y empapada, limpio ya
por la lluvia, limpio y hendido° desde la nuca hasta la
frente.

   ——Nunca hubo ninguna mujer ——dijo el acusado, pero el inspector no supo si el tono severo de
su voz era de firmeza o de melancolía. ——Nunca.

   Por qué la mató entonces, iba a preguntar el inspector, pero no dijo nada, sospechando que ya no
llegaría a saberlo, no porque el hombre se empe-
ñara° en guardar un secreto, sino porque tal vez el

asomándose *saliendo*

harto *cansado*

haciendo punto knitting

saña *crueldad*

acolchadas quilted

corazonada hunch

desgarrada ripped

zanja ditch

hendido *dividido, partido*

se empeñara *insistiera*

secreto no existía o no podía ser comprendido por nadie que no fuera ese hombre, o ni siquiera por él. Cómo iba a haber otras mujeres, si bastaba mirarlo para saber que había nacido vacunado contra toda pasión o deseo, si había en su cara esa condición de carne inerte que tienen a veces las caras o las manos de los eclesiásticos. Sí, estaba sentado igual que un cura, y tenía una obesidad de eunuco, y al escuchar movía un poco la cabeza, como si atendiera a una confesión.

———¿La mató por gusto? ———dijo el inspector, sentándose de nuevo, aceptando otra vez el juego de la paciencia y de la desesperación. ———¿Porque estaba aburrido de ella o de las comidas que le hacía?

———Ella no cocinaba ———el hombre habló con una cierta dignidad. ———Una mujer se ocupaba de eso.

———Así que tenían criada ———el inspector fingió creer que había hallado un indicio de algo razonable y miró al guardia que escribía a máquina como para restaurar su autoridad ante él. ———Usted le dio permiso aquella noche. Había premeditado el crimen....

———Se iba todas las tardes a las cinco ———dijo el hombre. ———Con mi sueldo no me podía permitir una criada interna.

———¿Nunca pensaron en tener hijos?

El hombre volvió a poner cara de infinita extrañeza: parecía que la idea de la paternidad le fuese tan ajena como la del adulterio. Regresaría del trabajo cuando la criada ya se hubiera marchado y se sentaría en el sofá a mirar un televisor en blanco y negro mientras su mujer hacía punto y le hablaba de cosas que él no escuchaba, menudas discordias tal vez, irritantes pormenores° sobre la limpieza de la alfombra o el precio del azúcar. El inspector lo imaginó hundido en los cojines° del sofá, indiferente, con zapatillas de paño, alimentando en secreto un lento coágulo° de odio, calculando su crimen, sin pensar al principio en la posibilidad efectiva de llevarlo a cabo, concediéndose sólo el impune° placer

pormenores   *detalles*

cojines   pillows

coágulo   clot

impune   *sin castigo*

de inventar sus detalles, como si se viera a sí mismo en una de esas series de televisión, despierto en la oscuridad cuando ella ya se había dormido, incómodo por el ruido de su respiración, por la cercanía de su cuerpo.

——¿Ella era estéril? ——dijo el inspector, pero estaba pensando: "él es impotente y le importa menos que a un mulo". Ni a un mulo ni a una estatua ni a un hombre así los sobresaltaría nunca el instinto de desear un cuerpo.

——Se ponía enferma con frecuencia. Tenía dolores de cabeza y de espalda.

——¿La veía algún médico?

——Tomaba unas pastillas.

——¿Para dormir?

——No me acuerdo. Pero dormía mal. Por las mañanas tenía ojeras°.

Como agobiado de pesadumbre conyugal° el hombre bajó la cabeza y se miró los pulgares, haciéndolos girar el uno en torno al otro. Por su aspecto podría decirse que estuviera sentado junto a un lecho de enfermo o velando° a un cadáver reciente, dispuesto a esperar y a recibir murmuradas condolencias. Luego, como quien lleva mucho tiempo sin dormir, se frotó° los párpados sin quitarse las gafas y dijo:

——Qué raro.

——¿Qué es raro? ——preguntó el inspector. Pero no había nada que no lo fuera. El hombre tardó un poco en contestar. Cuando lo hizo se había quitado las gafas y parecía más viejo o más gastado por el cansancio o la culpa.

——Que hayan estado quince años buscándome ——dijo. ——Que tardaran tanto.

——¿Quince años? ¿De verdad piensa que nos ha costado quince años encontrarlo? ——el inspector, que consideraba la petulancia° como un derecho natural de su oficio, igual que la placa° y la pistola y la cartilla del economato°, se permitió una carcajada muy falsa, como las del teatro. ——Una semana

ojeras *círculos oscuros debajo de los ojos*
pesadumbre conyugal marital misery

velando staying awake beside

se frotó rubbed

petulancia *presunción ridícula*
placa badge
cartilla del economato discount store I.D.

justa. Ni eso. Seis días. Durante esos quince años nadie lo buscó ...

———Qué raro———dijo el hombre de nuevo, en el mismo tono que la vez anterior, y alzó los ojos y se quedó mirando la pared blanca y vacía, sin hacer las preguntas que el inspector esperaba, como si ya hubiera previsto la posibilidad de aquella última traición del destino. Tal vez veía ante sí todos los vanos° años de la huida y recordó su casa abando- **vanos** *inútiles*
nada, sórdidamente vencida por el polvo como el interior de una tumba, su pequeño jardín posterior ganado por la maleza°, cementerio secreto en aque- **maleza** underbrush
lla colina de mediocres chalets que poco a poco se habían ido deshabitando, como si el cuerpo ente- rrado en uno de ellos y el crimen y la huida de quien lo sepultó° lo hubieran contaminado clandestina- **sepultó** buried
mente todo de esterilidad y ruina. Una ruina demo- rada° y sin énfasis, como el tedio de un inacabable **demorada** slow
atardecer de domingo en una calle de las afueras donde no se oyen voces: cuando llegaron las excava- doras ya no quedaba nada vivo.

———Van a construir pisos° allí———dijo el inspec- **pisos** *apartamentos*
tor. ———Bloques de pisos. Pero tuvieron que parar las obras ... ¿Imagina por qué?

Segunda parte

Una llamada urgente, le dijeron, y el inspector, que ya había ordenado su mesa y cerrado con llave los cajones y estaba poniéndose la gabardina, aunque todavía faltaban veinte minutos para que terminara su turno, tuvo que sentarse de nuevo y atender el teléfono, murmurando una palabra sucia, porque era viernes por la tarde y sospechaba que iba a perder su noche libre, y se maldecía a sí mismo por no haber salido de la oficina un minuto antes. Eso era el azar, y no había modo de mantenerse a salvo de sus conspiraciones: uno va a salir, advierte de

pronto que no lleva cierta llave en el bolsillo, y el
tiempo que emplea en buscarla puede hacer que le
cambie la vida. Había que joderse°; levantando el
teléfono el inspector se echó hacia atrás en su sillón
giratorio y oyó a alguien, un capataz o encargado de
una obra, que le hablaba de un cráneo recién encontrado en un jardín, de un posible homicidio.

    Cuando salió de la comisaría, el coche oficial ya
estaba esperándolo. Saludando hoscamente° al conductor, un guardia de uniforme, se recostó en el
asiento de al lado y se subió el cuello de la gabardina,
porque notaba en la nuca una sensación de intempe-
rie°, de humedad y de frío, como si llevara la ropa
mojada. Mientras cruzaban los últimos arrabales° de
la ciudad se les hizo de noche y comenzó a llover.
Todos los años había en octubre un anochecer exactamente así, prematuro e inhóspito, ilimitado y desierto como una estepa boreal, y el inspector pensaba: "ahora mismo está empezando el invierno",
sintiéndose como si cruzara una frontera hacia el
exilio.

    Al cabo de unos minutos, cuando abandonaron la
autopista, la noche se hizo irrevocable° y ya no veían
luces. Sobre ellos el cielo era tan bajo como la bó-
veda° de un túnel y tenía pálidas fosforescencias en
sus límites. Ya no veían en el espejo retrovisor las
sombras iluminadas de la ciudad: un resplandor de
incendio la suplantaba en el horizonte oscuro a medida que se alejaban de ella. Parecía que la llegada
del invierno hubiera despoblado el mundo, dejando
sólo breves reductos° habitados donde encendían
hogueras los supervivientes, tejados de casas o colinas convertidas en islas por la inundación de oscuridad.

    "Ya estamos llegando", dijo el guardia que condu-
cía, y señaló el final de la carretera por la que ascen-
dían entre altos árboles sin hojas ni perfiles° exactos.
Arriba, en la colina, había una claridad de grandes
hogueras o de reflectores° estremecida por las rachas de lluvia. El inspector bajó el cristal de la venta-
nilla y sintió frío. Pensó que aquellas luces estaban

joderse *fastidiarse (vulgaridad)*

hoscamente grimly

intemperie *mal tiempo*
arrabales *barrios*

irrevocable irreversible

bóveda dome, vault

reductos sheltered places

perfiles *formas*

reflectores spotlights

todavía muy lejos y eran tan inalcanzables como la hoguera o el faro° que ven sobre los arrecifes los tripulantes de un barco naufragado. Volvió a sentir frío cuando se bajó del coche y caminó guiado por alguien entre escombros y grandes grúas o andamios° de los que colgaban bombillas zarandeadas por el viento. Era un frío medular° e inflexible que exhalaba la tierra removida, un frío de piedra lisa y rezumante° y de sótano sellado. Hombres que llevaban impermeables y cascos de plástico amarillo rodeaban la fosa recién abierta entre las malezas del jardín y señalaban hacia el fondo. Los pies del inspector se hundieron en la tierra grumosa° cuando bajó a examinar de cerca el cráneo. Acercó la linterna a las cuencas vacías°, que parecieron adquirir una honda y hueca mirada cuando la luz giró sobre ellas. La lluvia había limpiado la delgada hendidura° que casi lo partía en dos mitades.

El inspector se puso unos guantes de goma y cogió el cráneo con las puntas de los dedos, guardándolo luego en una bolsa transparente. Cuando salió de la zanja el barro le llegaba a las perneras° del pantalón y tenía la gabardina empapada. Entregó la bolsa al guardia, que la llevó al coche, y oyó con atención fingida a un hombre gordo y de traje oscuro que no usaba casco ni impermeable: era el dueño o gerente de la inmobiliaria°, hablaba mucho, estaba desesperado, decía que lo iban a arruinar si le paraban la obra, que bastante desgracia° tenía ya con no sabía qué ruinas arqueológicas que habían aparecido muy cerca de allí unos días antes.

——Una losa° ——dijo, y tomó del brazo al inspector, conduciéndolo hasta un lugar adonde casi no llegaban las luces. ——Mire: la mitad de la obra parada por culpa de esa piedra. Unos tipos con batas blancas vinieron esta mañana a tomarle las medidas. Dicen que mañana se la llevarán no sé adónde. Y ahora viene usted y me dice que tampoco podemos seguir trabajando en los otros bloques ...

El inspector lo miró en silencio hasta que dejó de hablar, igual que quien espera en un portal a que

faro   lighthouse

grúas o andamios cranes or scaffolds
frío medular penetrating cold
lisa y rezumante smooth and moist

grumosa   lumpy

cuencas vacías   empty eye-sockets

hendidura   *corte*

perneras   legs

inmobiliaria   property

desgracia   *mala suerte*

losa   slab

termine la lluvia. Luego se encogió de hombros° y eligiendo una entonación no del todo insultante dijo que él cumplía órdenes. El frío le estaba entumeciendo las puntas de los pies. Sin hacer caso del hombre del traje oscuro, que seguía hablándole a su espalda, caminó hacia la casa.

se encogió … shrugged his shoulders

Sólo la parte más próxima al jardín había sido ya demolida. El resto se mantenía intocado y en pie por una especie de milagro contra la severidad del tiempo, como si la casa, durante todos los años que permaneció vacía, no hubiera perdido nunca su cualidad de recién abandonada. A la luz de las linternas el inspector vio colillas cubiertas de polvo en los ceniceros, una cesta con madejas de lana° parcialmente desovilladas° y podridas, un televisor grande y rudo como un baúl sobre el que había un paño de croché° casi borrado por las telarañas y el polvo y una lánguida figurilla de loza° con paraguas.

madejas de lana skeins of wool
desovilladas unwound

paño de croché a crocheted runner
loza *porcelana*

——Hay que ver ——dijo el guardia a su lado.
——Mi señora tiene una figura como ésa. Exactamente igual. Con el mismo paraguas.

El inspector alumbró un pasillo corto y muy estrecho que olía a sumideros° de agua corrompida. Supuso que habría muy cerca un cuarto de baño, pero aún no se ocupó de encontrarlo. Mientras avanzaba recordó algo que había leído sobre los astronautas que llegaron a la Luna: que las pisadas de sus botas se mantendrían indelebles hasta el fin de los tiempos. Vio en la pared, sobre el papel pintado, que tenía largos desgarrones° y manchas negras de humedad, una estampa carcomida° del Sagrado Corazón y una copia de un cuadro antiguo que por algún motivo le pareció vagamente patética. El hombre del traje oscuro avanzaba tras ellos murmurando cosas que el inspector no oía. Los tres se detuvieron un instante frente a una puerta cerrada. El hombre del traje oscuro se adelantó para abrirla: parecía que con ese gesto vindicara° su condición de propietario.

sumideros sewers

desgarrones rips, tears
estampa carcomida a worm-eaten engraving

vindicara would make clear

——¿Sabe quién vivía aquí? ——le preguntó el inspector.

——Gente vieja, supongo ——al hombre le costaba trabajo girar el pomo de la puerta. ——Los
chalets se hicieron antes de la guerra. Gente que se
iría muriendo.

Desde la oscuridad, cuando abrieron, vino hacia
ellos un insondable olor a podredumbre°. Pero las
linternas alumbraron una cama que parecía recién
hecha, un armario entornado, una gran foto de
boda en la que sonreía una mujer. El inspector pensó
enseguida que tenía cara de muerta, de muerta antigua y olvidada. Al internarse en la habitación notó
que algo viscoso° crujía blandamente bajo sus pies.
Apuntó la linterna hacia el suelo y vio que en la
moqueta° podrida por la humedad crecían carnosos
hongos blancos. Temió que todas aquellas cosas inmóviles se desharían en nada cuando las rozaran, de
modo que al principio casi no se movió. Luego,
mientras el guardia registraba el armario, examinó
más de cerca la foto de boda. La mujer tenía un
moño alto y ceñido por° una diadema, y la sonrisa
nupcial parecía tensar sus rasgos hasta la exaspera-
ción. Un hombre con gafas de concha y delgado
bigote, con la cara redonda congestionada por la
corbata del chaquet, estaba de pie junto a ella, dócil y
helado, como absorto en un rencor apacible. En un
rincón, tras la mesa de noche, había un par de calcetines deshechos por los hongos.

——Inspector ——dijo el guardia. ——He encontrado algo.

El inspector se volvió, lentamente poseído por el
asco. Se sentía como si lo hubieran obligado a pasar
una noche en esos cuartos de pensión donde nadie
retira la ropa sucia de inquilinos° anteriores. El
guardia había dejado sobre la cama algunas ropas
hediondas°. Al desenvolver un mandil°, algo pesado
cayó al suelo: un hacha de cocina con los bordes
manchados de una sustancia seca y oscura. Al alum-
brarla el inspector se acordó del cráneo y de la
sonrisa de la mujer vestida de novia, y de pronto
entendió por qué no era una sonrisa, sino un gesto
contenido de desesperación: la mujer no era joven, a

podredumbre   decay

algo viscoso
something mushy

moqueta   *alfombra*

moño ... ceñido por   a
high topknot fastened
by

inquilinos   tenants

hediondas   *con muy mal
olor*
mandil   apron

pesar del peinado y de la diadema, no era joven y no sabía fingirlo, ni tampoco ignorar la simulación o el desdén del hombre que estaba a su lado.

En un cajón de la mesa de noche encontraron el libro de familia. El inspector se lo guardó en un bolsillo de la gabardina y le dijo al guardia que desclavara del marco° la fotografía. Al salir de nuevo a la intemperie aspiró como un sediento el aire helado y el olor de la lluvia de octubre. Dos días después, los hombres de manos pálidas y batas blancas del laboratorio le dijeron lo que él ya sabía, lo que no le había dictado su inteligencia, sino su descreído° conocimiento de la fatalidad: que el hacha y las ropas estaban manchadas de sangre, que el cráneo pertenecía a una mujer muerta y enterrada en el jardín quince o veinte años antes.

Tardó tres días en encontrar al hombre. En un hotel barato donde mostró su foto y dijo su nombre, un conserje en camiseta lo llevó hasta una puerta cerrada. El inspector llamó: al no oír ni un ruido temió que no hubiera nadie. Recordó que los policías de las películas decían siempre: "El pájaro ha volado". Uno de los dos guardias que iban con él desabrochó° cautelosamente la funda de su pistola.

El hombre abrió, primero una rendija°, luego del todo, cuando vio la placa que el inspector levantó hasta sus ojos. No manifestó sorpresa, ni miedo, sólo una cansada resignación que al inspector le pareció casi alivio. Le temblaba un poco el labio inferior, se puso con torpeza° las gafas, dijo con una suave mansedumbre que disculparan el desorden: sobre la cama había una maleta abierta con muestrarios° de algo, y el hombre se apresuró a cerrarla, dejándola en el suelo, como si previera° que a los guardias les apetecería sentarse.

Ni siquiera lo esposaron. Tampoco ahora, en la sala de interrogatorios, tenía puestas las esposas, pero casi nunca separaba las manos, permanecían muertas y unidas en una vana actitud de complacencia o piedad.

desclavara ... marco
to remove from the frame

descreído   *escéptico*

desabrochó   opened, unclasped
rendija   a crack

con torpeza   clumsily

muestrarios   collection of samples

previera   could foresee

——Usted quería que lo detuvieran, ¿no es cierto? ——dijo con rabia el inspector. ——Dejó su documentación en la casa y no se molestó ni en quemar la ropa manchada de sangre. Ni siquiera tiró el hacha a una alcantarilla°. Quería que lo detu-   **alcantarilla**   sewer
vieran cuanto antes y se pasó quince años esperando y nunca hizo nada para escapar de nosotros, que no lo perseguíamos ...

——Quince años, siete meses y doce días ——dijo el hombre con una brusca entonación imperiosa que hizo callar al inspector.

——¿Se acuerda hasta del día en que la mató?

——El cuatro de marzo ——dijo el hombre, recobrando su somnolencia impasible. ——El cuatro de marzo de 1972. Me acuerdo porque era el día de nuestro aniversario.

El inspector ya no hizo más preguntas. Deseaba no saber nada ni oír nada, no haber ido nunca a la casa de la colina ni haber tenido frente a sí la cara de aquel hombre. Salió sin decir nada y antes de cerrar la puerta lo miró. Estaba examinándose meditativamente los nudillos° y movía un poco la cabeza baja,   **nudillos**   knuckles
como asintiendo.

Tercera parte

El inspector caminó hacia la calle como quien acaba de salir de un pozo. Con anticipada gratitud imaginó la tibieza de los cafés recién abiertos y la luz próxima del día. Oyó pasos a su espalda, pero no hizo caso de la voz que lo llamaba, aunque era inútil: el mismo guardia de la vez anterior—al cabo de una noche entera sin dormir parecía más viejo—le dijo que el forense aún estaba esperándolo.

Bajaron juntos al laboratorio. De los pasillos inferiores subía un aliento de cámara frigorífica. Como si quisiera asegurarse de que el inspector no escaparía, el guardia caminaba muy cerca de él. Sus zapatos crujían de una manera extraña sobre el piso de mármol, como huesos secamente quebrados. Bajo la luz de los tubos fluorescentes todas las cosas tenían un brillo sucio de porcelana sanitaria, de dentadura postiza, de carne muerta y desnuda, ni siquiera humana, sajada° y catalogada con etiquetas de plástico, como carne sin nombre sobre el aluminio de los mataderos°. El inspector se cubrió con un pañuelo la nariz y la boca y fingió que tosía.

    El forense no estaba solo en su despacho. Había con él un hombre de gafas redondas y barba gris que usaba pajarita° en lugar de corbata y olía intensamente a alguna clase de colonia. "Dios los cría"*, pensó el inspector, y en seguida se consideró autorizado al desprecio. Se sentó antes de que lo invitaran a hacerlo y sólo entonces se dio cuenta de que el cráneo hendido estaba sobre la mesa, limpio y amarillo, más pequeño de lo que él recordaba, casi vulgar, como un pisapapeles. Durante unos segundos de silencio el forense y su invitado miraron al inspector como dos examinadores tolerantes.

    ——El señor es arqueólogo ——dijo luego el forense. ——Catedrático de Arqueología.

    ——Tanto gusto ——el inspector sonrió e hizo como que no veía la mano que el otro le tendió.

    ——¿Mucho trabajo esta noche, inspector? ——el forense parecía muy ligeramente irritado, como un padre o un profesor cargado de paciencia. ——Llevamos como tres horas esperándolo a usted.

    ——Tengo la confesión completa del tipo que hizo eso. Utilizó un hacha de cocina.

    ——Un hacha de cocina ——el forense sonrió ampliamente y cruzó una mirada cómplice con el arqueólogo. La sonrisa les hacía parecer casi hermanos. ——¿De acero inoxidable°, inspector?

    El inspector no dijo nada. Como en todos los amaneceres de su vida iba rindiéndose a la sensación

sajada   *cortada*

mataderos
slaughterhouses

pajarita bow tie

acero inoxidable
stainless steel

"Dios los cría y el diablo los junta" es un refrán español. Quiere decir que el profesor y el forense tienen mucho en común.

del desamparo°. Pensó con remordimiento que se
burlaban de él y que no tenía coraje para defenderse
o maldecirlos, ni siquiera en silencio.

——Y dígame, inspector ——continuó el forense. ——¿Ese hombre ha confesado *motu proprio*°?

——¿Perdón?

——Discúlpeme ——el arqueólogo y el forense
volvieron a sonreír. ——Quiero decir, inspector,
que si usted no le ha ayudado en algún momento. Ya
sabe.

——Ni tocarlo° ——dijo el inspector, inmutable.
——El reglamento lo prohíbe.

Asintiendo como un confesor habituado a la in-
credulidad y a la indulgencia, el forense tomó el
cráneo en sus manos, le dio la vuelta, acercándolo a
una lámpara, lo mostró al arqueólogo, que también
asentía, luego cambiaron unas palabras en voz baja y
el forense volvió a dejar el cráneo sobre la mesa, y
rozó largamente la hendidura con su dedo índice.

——Así que un hacha de cocina ——dijo.

——¿Está seguro, inspector? Óigame bien: ¿Está
completamente seguro de que ese hombre mató a su
mujer?

——Usted sabrá° ——el inspector sentía con alivio que recobraba su sólida capacidad de rencor.

——Usted analizó aquí el cráneo y el hacha y la ropa
que le traje. Usted dijo que las manchas eran de
sangre y que el cráneo era de una mujer. A mí qué
me cuenta.

La sonrisa del forense iba adquiriendo un aire
sudoroso. No le importaba el inspector: le importaba el hombre barbudo que estaba sentado junto a
él, el catedrático, que emitía breves estornudos° ta-
pándose la boca con la mano cerrada, como quien se
dispone a empezar un discurso.

——En honor a la verdad, inspector ——dijo el
forense, pero era al otro a quien se dirigía, bruscamente servil, como un discípulo cobarde, ——debo
decirle que no fui yo quien hizo esos análisis … De
acuerdo, los firmé, ya sabe usted cómo son las cosas
en el departamento, pero los había hecho mi ayu-

desamparo helplessness

motu proprio *voluntariamente* (frase latina)

Ni tocarlo. Didn't even touch him.

Usted sabrá *Usted debe saberlo*

estornudos sneezes

dante, ese chico nuevo. Claro que tampoco es suya del todo la responsabilidad, no, no es mi intención echarle la culpa a él. En modo alguno. A usted le pregunto, inspector, que conoce la casa: ¿Hay material adecuado, hay tiempo, hay condiciones para trabajar con un mínimo de garantías? Y cómo no, cometemos errores. Esto no es la Universidad, ese templo de la paciencia, del estudio.

El catedrático estornudó e hizo una seca reverencia. Se quitó el puño de la boca, como si fuera a decir algo, pero sólo emitió una especie de o prolongada tras la que no vino ninguna palabra.

——¿Quiere decir que las manchas no eran de sangre? ——dijo el inspector, imaginando vagamente que se le tendía una trampa.

——Sangre humana, sí ——el forense afirmó con la cabeza, moviéndola mucho, como si le pesara.

——Sangre de una mujer. Pero yo ahora le pregunto, inspector: ¿De qué mujer? *That is the question.* ¿Me sigue?

Pareció que el catedrático iba a hablar, y separó los labios, pero tampoco dijo nada esta vez. Con el dedo índice repicaba° sobre la mesa, muy cerca del cráneo. El inspector volvió a imaginar que estaban examinándolo de algo y que ese gesto era una pista°. Notó que desde hacía un rato se acordaba del acusado con la melancolía de quien añora a° un amigo perdido.

——Ese hombre ha confesado ——repitió.

——Mató a su mujer. La enterró en el jardín. Envolvió el hacha en el mandil que ella llevaba y lo guardó todo en un armario. Yo encontré esas cosas. Yo mismo lo busqué y lo detuve.

——Lo entiendo, inspector ——dijo el forense.

——Le juro que lo entiendo. Usted hizo un buen trabajo y se aferra a los hechos°. Pues hablemos de ellos. De las pruebas. ¿Qué me cuenta del *corpus delicti*? Del cuerpo del delito, quiero decir.

——Pues ahí lo tiene ——con un ademán de fastidio o de asco el inspector señaló el cráneo. Entonces el forense y el arqueólogo volvieron a sonreír

repicaba   tapped

pista   clue

añora a   misses deeply

se aferra … hechos   stick to the facts

y a mirarse, como si hubieran sabido de antemano lo que él iba a decir.

——Un cráneo ——dijo el forense: ahora hablaba con una cierta lentitud pedagógica, se frotaba las manos. ——Sólo un cráneo. Hendido por la mitad, desde luego, y por un, digamos, instrumento afilado …

——Sílex° ——dijo abruptamente el arqueólogo, y volvió a estornudar y a taparse la boca.

Sílex silex, a kind of quartz

——Un hacha de cocina. ¿No es eso, inspector? Supongamos que de acero inoxidable. Ese hombre mata a su mujer y la entierra en el jardín. ¿No se ha preguntado, inspector, qué fue de los otros huesos? ¿Cómo es que no hemos podido encontrar ninguno? Pero no me haga caso todavía. Contésteme a una última pregunta: ¿Cuándo cree usted que este cráneo fue partido por ese hacha de acero?

——De sílex ——dijo el arqueólogo, con tenacidad monótona. El inspector se preguntó adónde irían por todas esas palabras. Luego dijo:

——Hace quince años.

——Un poco más y acierta. Quince siglos. ¿Ha oído usted hablar de la microscopía electrónica?

——He oído a ese hombre. Se acordaba del día exacto y del año en que mató a su mujer. Si le insisto me dice hasta la hora.

——Microscopía electrónica ——el forense siguió hablando como si no hubiera escuchado al inspector. ——Método infalible para fechar ciertos hallazgos arqueológicos. Mi querido colega y maestro ——ahora el forense se volvió hacia el catedrático, que asentía con rígida severidad a sus explicaciones ——cuéntele al inspector lo que averiguó usted al estudiar este cráneo. No me deje mentir: dígale que desde el principio yo albergué° mis dudas sobre el informe oficial.

albergué held to

Antes de hablar, el arqueólogo tomó el cráneo entre sus manos y lo acercó al inspector. Estaba muy nervioso, como si se dispusiera a salir a un escenario, y tal vez eso hacía que su voz pareciera más oscura y extraña, con inflexiones agudas, como la voz de otro hombre que estuviera escondido en algún lugar de la habitación mientras él movía en silencio los labios. Al oírlo el inspector recobraba° como un sueño el viaje por los arrabales y la noche de lluvia sobre la colina, la intemperie y el frío, la sensación del barro removido y de la oscuridad. Recordó al acusado, y casi lo envidiaba, lo imaginó indescifrable y tranquilo en la litera° de su celda, inocente, dormido, dueño único de la vergüenza y de la verdad. Pensó en la gran losa de piedra que relucía bajo la lluvia y en el hacha de acero o tal vez de fría piedra afilada, el hacha levantada y cayendo sobre la nuca de la víctima, de aquella mujer que sonreía en una foto de bodas, tal vez de otra mujer sin nombre ni ojos cuyas cuencas vacías ahora estaban mirándolo.

> **recobraba** recaptured mentally

> **litera** bunk bed

——Había un santuario en esa colina——dijo el arqueólogo. ——Un lugar de sacrificios paganos. Hace quince siglos, cuando las legiones romanas abandonaron esta región y los bárbaros se atrevieron a avanzar hacia el sur ... Imagine, inspector, aquellos siglos oscuros. En los templos que habían sido de Júpiter y luego de Cristo volvieron a celebrarse sacrificios humanos. Hemos encontrado docenas de cráneos como éste: también hachas de sílex y altares de degollación°. Mire bien el cráneo, inspector. Observe las irregularidades de la herida. No la abrió el acero, sino la piedra áspera. Una mujer fue asesinada en la colina, sí, pero hace mil quinientos años ...

> **degollación** beheading

——Microscopía electrónica——dijo el forense, abrumado° de felicidad y humillación.

> **abrumado** *lleno*

——Seguiré buscando——el inspector se puso en pie. ——Encontraré los huesos que faltan.

——Procure encontrar también un cráneo ——dijo el forense, cuando el inspector ya se iba.

——Y dése prisa. Me pregunto cuántos días puede mantener encerrado a ese hombre.

El inspector cerró la puerta y caminó por los pasillos del depósito° como si avanzara contra el viento. Veía ante sí la cara blanda y serena del acusado, veía su mano levantada y el relámpago de la luna o del

> **depósito** morgue

fuego en la hoja del hacha. Decidió que no iba a marcharse aún, que bajaría a los calabozos y despertaría a ese hombre sacudiéndolo por las solapas° como a un fardo° y le exigiría la verdad. Pero él, el inspector, la había sabido siempre, o tal vez sólo ahora mismo, y nunca podría enunciarla°, porque sospechó que en la imaginación de aquel hombre eran exactamente iguales la culpabilidad y la inocencia, la desesperación y la mentira. Y cuando ya estaba parado ante la puerta del calabozo, el inspector se dio la vuelta sin decir nada al guardia que se disponía° a abrirle y abandonó los sótanos y luego los corredores de luces fluorescentes como si estuviera huyendo de una persecución. Salió a la calle, donde ya era de día, y al entrar en un café se sintió a salvo de° la noche pasada, ya irreal, tan lejana como el sueño de otro, como la sensación de haber matado y despertar en una celda.

solapas lapels

fardo bundle

enunciarla *expresarla*

se disponía was ready to

a salvo de safe from

Preguntas

A. Primera parte

1. ¿Cuál es el punto de vista de esta narración?

2. ¿En qué momento de lo ocurrido empieza la narración?

3. ¿De qué acusan al hombre?

4. Describa brevemente al acusado.

5. ¿Cuántos días ha pasado el acusado en la cárcel al comenzar el cuento?

6. ¿Cómo es la habitación donde interrogan al acusado?

7. ¿Dónde y por cuánto tiempo trabajó el hombre después de marcharse de su casa?

8. ¿En qué consistían sus obligaciones?

9. ¿Cuántos años hace de la muerte de la mujer?

B. Segunda parte

1. ¿Cómo cree usted que eran las relaciones entre el hombre y su mujer?

2. ¿Dónde habían encontrado el cráneo?

3. ¿Por qué estaba detenida la construcción de uno de los bloques de pisos?

4. ¿Cuál era la nueva preocupación del dueño o gerente de la inmobiliaria?

5. Describa las sensaciones que provoca en el inspector la visita al chalet que están demoliendo.

6. ¿Quién encontró el hacha? ¿Dónde la encontró?

7. ¿Cuántos días tardó el inspector en hallar al acusado?

8. ¿Por qué cree usted que el acusado acepta su culpabilidad?

C. Tercera parte

1. ¿Quién acompañaba al forense cuando el inspector entró en su despacho? ¿Por qué era necesaria su presencia allí?

2. ¿Qué noticia le dan al inspector? ¿Cuál es su reacción?

3. ¿Cuánto tiempo había estado sepultado el cráneo?

4. ¿Cómo pudo el arqueólogo determinar la antigüedad del cráneo?

5. ¿Por qué apareció en ese lugar?

6. ¿Qué papel juega el azar en toda esta historia?

Temas

1. Busque en el cuento pruebas de la inocencia o de la culpabilidad del acusado. Redacte un párrafo defendiendo o acusando al detenido, como prefiera.

2. Analice la ironía de que el inspector se convierta de interrogador en interrogado ante el forense y el arqueólogo.

3. Comente sobre la ambigüedad de la narración. ¿Qué papel juega la pasividad en el carácter del acusado? ¿El temor?

Ejercicios

A. Llenar los espacios en blanco

Complete los siguientes párrafos con las palabras correctas, según el cuento.

El hombre de las gafas trabajaba en una _____ situada en la carretera secundaria de la provincia. Los coches y camiones paraban de vez en cuando, y él se apresuraba a limpiarles el _____ y los faroles delanteros. Manejaba hábilmente el _____ de la gasolina para no mancharse el _____ azul que usaba para trabajar. A veces, los choferes le daban de _____ las monedas de _____ que les devolvía cuando abonaban su consumo.

Siempre esperaba la llegada del camión _____ que llenaba los _____ de gasolina, porque era su oportunidad de conversar un rato y beber café con un amigo.

B. Oraciones

Escriba oraciones completas con las siguientes palabras.

uniforme	gesto	duda	inmune	eludir
enigma	mansedumbre	húmeda	amanecer	esperanza
cobertizo	aplastar	rumor	irrevocable	entumecer

C. Adjetivos y adverbios

Use un adjetivo apropiado para cada nombre y un adverbio adecuado para cada verbo de los que aparecen a continuación.

habitación	guardar
sentir	calabozo
carretera	avanzar
alumbrar	rincón
armario	temer

PALOMA DÍAZ-MAS

Madrileña que desde su temprana juventud ha ido avanzando con paso firme y visión personalísima por los ámbitos de la creación literaria, Paloma Díaz-Mas cuenta ya con una obra singularmente meritoria.

Nacida en 1954 en la capital de España, se licenció en periodismo y se doctoró en Filología Románica en la Universidad Complutense. En la actualidad es profesora de Literatura Española del Siglo de Oro en la Universidad del País Vasco, en Vitoria. Se ha especializado en lengua y literatura sefardíes y ha escrito diversos ensayos sobre la poesía tradicional y el Romancero.

Publicó su primer libro de cuentos (de corte borgiano, según confiesa) *Biografías de genios, traidores, sabios y suicidas*, en 1973, cuando sólo contaba 19 años. Desde entonces ha publicado una obra teatral, *La Informante*, que recibió el Premio Ciudad de Toledo 1983; las novelas *El rapto del Santo Grial*, finalista del Premio Herralde 1984, y *Tras las huellas de Artorius*, ganadora del Premio Cáceres de Novela 1984. Su ensayo *Los sefardíes: historia, lengua y cultura* quedó también finalista del Premio Nacional de Ensayo en 1986. Su más reciente obra, *Una ciudad llamada Eugenio* (Barcelona: Anagrama, 1992), es una colección de relatos, estampas o recuerdos, basados en una experiencia real: su estancia en la ciudad norteamericana de Eugene, en Oregon. Díaz-Mas no puede dejar de ser ella misma y transforma esa experiencia real en una verdadera invención literaria.

Nuestra selección para este libro, «El mundo, según Valdés», pertenece a su colección de relatos *Nuestro Milenio,* publicada en 1987 (Barcelona: Anagrama, S.A.), que muestra una vez más su sólida cultura y su gran habilidad para narrar.

Su carrera universitaria y su labor de investigación constituyen el trasfondo que sustenta su obra, caracterizada por constantes referentes a la cultura medieval y a los siglos XV al XVII. Sin embargo, su ficción no cae dentro del subgénero histórico, tan en boga ahora en España, sino que encaja perfectamente en el concepto de metaficción historiográfica, desarrollado por la profesora Linda Hutcheon en su estudio *A Poetics of Postmodernism* (New York and London, Routledge, 1988).

Este magnífico relato que aquí incluimos imagina una visita del gran humanista del siglo XVI Juan de Valdés a una ciudad provinciana del Siglo XX. La escritora describe las imaginarias situaciones con fino humor y penetrantes observaciones sobre las costumbres, para destacar certeramente el marcado contraste entre ambas épocas históricas y reflexionar ingeniosa e irónicamente sobre el alcance y consecuencias del progreso.

El mundo según Valdés

Para mi maestro de Humanismo.
Contra Mark Twain.

Primera parte

Están ahí: parecen amigos y resultan lejanos, los creemos accesibles y son impenetrables. Avanzan —parece que avanzan— en filas apretadas y multicolores como un ejército antiguo; se apilan en los rincones, se encaraman unos a otros en un caos perfectamente ordenado. Con los párpados cerrados podríamos decir dónde está cada uno, pese a la impresión que dan de desorden. Cuando abrimos los ojos, en la penumbra de la habitación recién amanecida, adivinamos sus bultos°, reconocemos los montones que forman aquéllos, los últimos en llegar, que no encontraron ya sitio entre las apretadas filas y hubieron de colocarse, unos sobre otros, donde hallaron hueco. En sus lomos riela la luz° que se filtra por las contraventanas y, lentamente, los vamos reconociendo uno por uno. La mayoría nos hablan con voces muertas, de gentes que desapare-

adivinamos ... bultos
descubrimos sus formas

riela la luz *brilla la luz*

Nota: En la versión original la autora ha dividido este cuento en seis partes. Aquí sólo se han numerado esas partes, para facilitar su estudio. La quinta y sexta partes del original aparecen juntas bajo el rótulo de **quinta parte.**

cieron siglos antes de nuestro nacimiento; gentes cuya palabra nos parece engañosamente cercana y viva: su lucidez es tanta, el brillo de su inteligencia tan poderoso y la limpidez de su expresión° tan notable que sus escritos pueden parecernos no sólo vigentes°, sino incluso demasiado cercanos, excesivamente sabidos de tan leídos.

limpidez ... expresión *pureza de su estilo*

vigentes *actuales*

Sin embargo, no podremos evitar, de vez en cuando, que nos asalte la duda acerca de hasta qué punto los comprendemos cabalmente°. Porque esos libros fueron escritos en otro mundo—el mundo de hace milenios° o el de hace veinte años, cuando nosotros no existíamos o existíamos pero no éramos los mismos—y tal vez nosotros los leamos con otros ojos y con otro pensamiento del que tuvieron quienes los han escrito y, creyendo que entendemos fielmente lo que dicen, quizás volvemos a escribirlos cada vez que los leemos. Serán las cosas que entendemos distintas de lo que estos libros quisieron decir en su momento y sin duda más de un autor ilustre y venerado se estremecería° al ver el sentido que damos a sus palabras.

cabalmente *por completo*

milenios *miles de años*

se estremecería would be shaken up

Es inevitable pensar que tal vez mejorasen las cosas si pudiéramos conocer a sus autores. Si ellos nos explicasen cuál fue el sentido primero de la obra, de un pasaje, de una frase, de una palabra. O incluso, quizás, la mera visita de esos hombres capaces de crear una obra engañosamente vigente para nosotros, el mero contacto con su presencia física, con su voz o con sus actitudes nos aclararía algo acerca de esos textos que creemos emprender. Sin duda, una conversación con Cervantes resolvería en nuestro interior la visión del *Quijote,* obligándonos a verlo con una luz nueva; y una temporada con Shakespeare nos haría descubrir insospechadas facetas en *Macbeth.* O tal vez no: ¿y si la presencia de esos hombres de otro tiempo no nos ayudase a entender su obra, sino nuestra propia vida? ¿Descubriríamos acaso la realidad que nos rodea—esa realidad ante la cual nos movemos, frenéticos y ciegos—a través de los ojos de Fray Antonio de Guevara°, de Garcilaso de la Vega° o de Juan de Valdés°?

Mejor a través de Valdés, que siempre me inquietó por sereno e impenetrable.

Empecemos, por ejemplo, imaginando su llegada. Juan de Valdés, recién venido del siglo XVI en el que habita, se encuentra de repente en el siglo XX, en la ciudad provinciana en que vivo, y sabe que me ha de buscar. Lleva mi dirección manuscrita° en un papel, cuidadosamente doblado y guardado en su esquero°. Llega a mi casa o, mejor, se encuentra súbitamente° en ella, en el descansillo de la escalera, detenido ante la puerta. No me pregunten ustedes cómo ha llegado hasta aquí: tal vez ni él mismo lo sepa y, desde luego, yo no pienso molestarme en trazar una coartada° para que la historia de este encuentro parezca verosímil. Hace ya mucho tiempo que las fábulas no necesitan ser ni verosímiles ni verdaderas.

El caso es que aquí está Valdés, detenido ante la puerta. Para llegar no ha recorrido las calles de la ciudad: no sabría hacerlo sin mi ayuda; el mero hecho de andar por la calle, por nuestra calle, le requeriría un cuidadoso y tal vez lento aprendizaje, un desentrañar° minucioso de signos y símbolos para él desconocidos. Así que no tiene más remedio que aparecer en el descansillo a una hora en que la escalera esté desierta (sin señoras que salgan a la compra, sin niños que vuelvan del colegio, sin fontaneros° que hayan venido a reparar una avería), pues no conviene tampoco que le vean los vecinos: les chocaría su indumentaria renacentista° de calzas de seda, calzón abullonado, jubón muy ceñido de largas mangas y haldeta corta, capa larga y una gorra italiana, porque Valdés viene de Italia y se ve que se ha puesto sus mejores galas para este encuentro. Quizás ya le hayan advertido que su anfitrión° será una mujer.

Valdés llama pero, naturalmente, no toca el timbre: sin duda ignora la utilidad de ese menudo botón junto al quicio de la puerta; o tal vez ni siquiera

Fray Antonio de Guevara *escritor español (1481–1545)*

Garcilaso de la Vega *poeta español (1501–1536)*

Juan de Valdés *escritor español (1490–1541), autor del* Diálogo de la lengua, *primer tratado sobre el castellano escrito en castellano*

manuscrita *escrita a mano*

esquero pouch

súbitamente suddenly

trazar una coartada to devise an alibi

desentrañar deciphering

fontaneros plumbers

indumentaria renacentista *ropa del Renacimiento (siglo XVI)*

anfitrión host

lo ve, porque tampoco ha dado al automático de la
luz°. No es de extrañar, puesto que también ignora la
existencia de la luz eléctrica. Así que llama con ro-
tundos golpes de puños—seguro que ha buscado
inútilmente la aldaba°—, capaces de hacer tambalearse la endeble puertecilla de mi piso ciudadano°.
Abro sin vacilar, porque ya estoy advertida de que
vendrá hoy, precisamente a esta hora. Y la primera
sensación es extraña, porque apenas entreveo sus
rasgos en la penumbra°, así que su presencia me
llega no tanto por lo que veo como por lo que huelo;
porque, al contrario que con los hombres actuales,
de Valdés lo primero que le llega a uno es el olor:
olor a sudor de la ropa puesta una y otra vez sin
lavar, olor de la grasa del cabello, un trasfondo° de
cuero y estiércol fresco propio de un hombre que ha
montado a caballo con la misma ropa que ahora
viste, y todo eso mezclado con un perfume especioso
y denso y el aura de ámbar de los guantes. Una
mezcla, pues, de aromas y hedores° que lo convierte
a él en inconfundible y a mí me hace sentir excesivamente neutra y casi desnuda, con mi sinolor de
ducha diaria y de productos artificiales, cuya misión
no es perfumar sino borrar cualquier rastro. Lo
primero que pienso, aun antes de saludarle, es que
la fase inicial de su aprendizaje—si es que quiere
aprender a vivir entre nosotros—será el domino de
las técnicas necesarias para erradicar de su cuerpo
cualquier clase de olor.

La siguiente impresión, antes que la vista, es el
sonido de su voz: voz grave, modulada y bien medida, como corresponde a un humanista que la habrá cultivado tanto en el canto como en la palabra.
Pero su tono es autoritario y algo displicente cuando
me advierte que es persona de calidad, aunque le
importa encubrir° su nombre, y casi me exige sin
mirarme que le lleve hasta mi señora ama°. Porque,
en efecto, Valdés no puede sino tomarme por una
criada: ¿qué dama acude por ella misma a abrir la
puerta de la casa, si aun en los encuentros clandes-
tinos y nocturnos esa labor suele realizarla, con si-

automático ... electric switch

aldaba door knocker

mi piso ciudadano my city apartment

penumbra *semioscuridad*

trasfondo background

hedores stenches

encubrir conceal

mi señora ama *la dueña de la casa*

gilo°, una criada cómplice? Así que habrá un primer
momento embarazoso, hasta que yo le haga entender que yo soy yo y no mi criada, y él busque en su
mundo mental una razón que justifique por qué le
abro personalmente la puerta; como es hombre de
vivo ingenio° la encontrará enseguida (tal vez, la
necesidad de sigilo y la poca confianza que merecen
los criados para asunto de tanta importancia y recato
como su visita) y, como es cortés, no hará ninguna
pregunta: se limitará a disculparse dignamente y a
aceptar con aparente naturalidad la situación, sin
mostrar alteración alguna ante un suceso tan inesperado.

Pero no puedo dejar en la puerta a mi ilustre
visitante. Así que le hago pasar y le muestro mi casa y
se la ofrezco como suya, y él no podrá por menos que
encarecerme° la hospitalidad que le brindo y ponderar—ya que no el lujo donde ni mármoles, ni
tejidos ricos, ni maderas preciosas se ven—la mucha
curiosidad y limpieza de esta casa que sin duda
le parece angustiosamente pequeña, desoladora-
mente carente de ornamentos, de paredes sin para-
mentos como a medio vestir°. Mas en vano escruto
su rostro en busca de una muestra de extrañeza, de
sorpresa o de desagrado: la cortesía se ha impuesto
como una máscara y un telón de medidas palabras
de agradecimiento oculta cualquier otro sentir. De
nada sirve mi exhibición tecnológica encaminada a
provocar en él un movimiento de asombro: ni el
encender y apagar de luces eléctricas que indudablemente nunca ha visto, ni el frenético funcionamiento de los electrodomésticos que como al des-
gaire° pongo en marcha todos a la vez, ni el abrir y
cerrar de los grifos de agua caliente y fría, ni la
explicación sobre la alacena° capaz de producir en
cualquier momento esa nieve y agua de nieve tan
apreciadas como refresco y aun como medicina en el
siglo de Valdés, ni siquiera la catarata doméstica de
la cisterna del retrete son capaces de producir una
alteración en su serena y mesurada cortesía. Descon-
certada por lo que parece impasible incapacidad

sigilo *reserva*

vivo ingenio lively
intelligence

encarecer praise

paredes … vestir
nearly barren walls

al desgaire
with affected
carelessness
alacena cupboard

para el asombro, le hago tomar posesión de su cuarto, y tampoco muestra sorpresa alguna ante la luz que por arte de magia se enciende en la cabecera de la cama, ni ante el tacto de estos tejidos semisintéticos que sin duda nunca han tocado sus manos acostumbradas a la sarga, el lino y el brocado°. Sólo días después, cuando ya hayamos tomado confianza, me confesará su asombro y maravilla ante tal cantidad de desconocidos ingenios° e incluso será capaz de decirme que mi casa, si bien le pareció en un principio muestra de honrada medianía°, merced a tales artificios aventaja a muchas moradas particulares° y parece más bien cámara de maravillas.

Mas los hombres cortesanos y políticos como mi amigo Valdés tienen a gala no hacer mudanza° ni ante la adversidad ni ante la novedad, y con rostro impasible y corazón asombrado han visto las selváticas cuencas de los ríos americanos que parecen mares, y los fabulosos animales de las tierras meridionales° y los frutos nunca gustados de los países recién descubiertos, y los monstruos marinos que anidan en costas sólo ahora exploradas, y las heladas riberas de la isla de Gronland°, y las esplendorosas mezquitas donde oran los infieles súbditos de la Sublime Puerta°, y los navíos cargados de sedas y especias del lejano Oriente, y los ídolos de oro macizo° de los salvajes del Nuevo Mundo, y las inmensas ruedas que abastecen de agua a las ciudades imperiales, y las doradas ruinas del pasado esplendor de la antigua Roma, y la máquina increíble que permite copiar libros en poco tiempo, y hasta el interior antes prohibido de las entrañas del hombre. Y entre tantas maravillas nuestras pequeñas maravillas caseras (la luz que se enciende sin esfuerzo, humo ni llama; el agua que llega dócil hasta nuestras mismas manos; la ropa que bucea en la inmensa tina cerrada de agua lejía) no son sino algunas maravillas más del enfebrecido ciclo de la Naturaleza y el Arte, que compiten para producir maravillas en incesante sucesión.

sarga … brocado fabrics of Valdés' time

ingenios clever devices

honrada medianía honest middle class

moradas particulares luxurious residences

tienen … mudanza take pride in remaining unmoved

meridionales of the South

Gronland *Groenlandia* (Greenland)

Sublime Puerta *referente al sultán de Turquía*
macizo *sólido*

Del mismo modo aceptará sencillamente vestir las ropas actuales que he comprado para él: quien ha viajado por Europa y conoce los distintos usos indumentarios de españoles y franceses, de tudescos y flamencos°, de italianos y polacos; quien en las ciudades de contratación° ha visto la abigarrada variedad de vestimentas de turcos y judíos, arraeces y mercaderes; quien en la misma España ha sabido distinguir pastores, labriegos, oficiales, comerciantes, soldados, eclesiásticos, hidalgos y peregrinos sólo por su forma de vestir; quien sabe de moriscos, gitanos y renegados que vuelven de Argel, no puede extrañarse de una vestimenta: nuestros trajes de hoy son para él una pincelada más en un mundo variopinto, como el hábito de un país nuevo, de una etnia° hasta hoy desconocida, pero no más sorprendente que las desnudeces de los indios americanos exhibidos en las cortes, los amplios mantos de pliegues de las moriscas granadinas o los colorines caprichosos del soldado fanfarrón y tahúr que regresa de campaña. Como mucho, buscará infructuosamente° con la mirada esos criados inexistentes a quienes debería corresponder la tarea de vestirle.

tudescos y flamencos inhabitants of Old Saxony and of Flanders

contratación   trade

etnia   *grupo étnico, raza*

infructuosamente without result

Segunda parte

Los primeros días, Valdés los ha entretenido en mi biblioteca. Autocalificándose modestamente de curioso de las letras — cuando sé que domina el arte y el uso de la lengua latina, de la castellana y de la toscana por lo menos y que, en un mundo con muchos menos libros, él ha leído mucho más que yo — ha husmeado en los estantes ponderando aquí la calidad de la impresión, allá la propiedad de unos grabados en los que — desconocedor de la fotografía y de las nuevas técnicas tipográficas — señaló cómo el Arte, compitiendo con la Naturaleza, parecía que la superaba. Extrañándose a veces de la pobreza de las encuadernaciones en rústica o del abigarrado colorido de las cubiertas°. Elogiando la claridad de los tipos—esa letra redonda heredera, precisamente, de la renacentista diseñada en su tiempo—y congratulándose del definitivo destierro° de la confusa y antiestética letra gótica. Mostrando su sorpresa al no encontrar entre mis libros ninguno en lengua latina siendo, como soy, mujer bien leída, que debería saber llevar con naturalidad una conversación en esa lengua. Hojeando sin sorpresa los volúmenes en francés, inglés e italiano (que él llama aún toscano) porque sin duda también entre sus libros los hay en lenguas pegadizas°, que él ha aprendido por arte y por libros. Revisando inútilmente los pies de imprenta en busca de menciones de Alcalá, Valencia o Amberes° y hallando, para su sorpresa, que la mayoría de mis libros están editados en Barcelona o—más extraño aún—en el insignificante Madrid.

No deja de sorprender a mi piadoso amigo la escasez de libros de piedad y meditación entre los que tapizan las paredes de mi casa. Le he mostrado entonces una edición moderna de su *Diálogo de la doctrina cristiana,* que le ha causado mal disimulado estupor: ¿cómo puede estar un libro así en mis manos, cómo puede haber sido llevado recientemente a la imprenta? Y el diplomático Valdés me interroga discreta y casi imperceptiblemente sobre la difusión del librito y sobre hasta qué punto puede resultarme comprometida° su posesión; y aunque no alude al proceso inquisitorial° abierto por la publicación del diálogo en Alcalá, yo sé bien que es en eso en lo que está pensando y que aunque no lo confiese y pretenda encubrirlo con otras razones más aparentemente intelectuales—completar su formación humanística en la cuna del Humanismo°—, han sido ese libro y ese proceso los motivos de su marcha—más bien huida—a Italia.

Le complace ver que también poseo un *Diálogo de la lengua,* obra que él no había llegado a ver impresa, y aunque encubre su orgullo con protestas de falsa modestia y argumenta que lo escribió a requeri-

encuadernaciones ... paper-bound bindings or of the clashing colors of the covers

destierro exile

pegadizas *fáciles de aprender*

Alcalá ... *Centros editoriales en tiempos de Valdés*

comprometida damaging
proceso inquisitorial *juicio de la Inquisición*

cuna ... Rome

miento° de unos amigos y con el solo fin de compla-
cerlos, resulta evidente su satisfacción y por vez primera desde que está aquí su semblante se demuda°
levemente: tras la máscara cortés aflora una expresión de satisfecha alegría. Mayor sorpresa aún le
causa encontrar los diálogos *De las cosas ocurridas en
Roma* y *De Mercurio y Carón,* escritos por su hermano
Alfonso°; le extraña que se hayan impreso y difundido libros tan comprometedores y, en principio,
destinados a un muy restringido público. Y alaba las
varias ediciones que poseo de Garcilaso, poniendo
sobre los cuernos de la luna° a este poeta tan cele-
brado, cuya fecunda juventud promete tan granada
madurez; parece ignorar que Garcilaso ha muerto
sin alcanzar esa edad madura tan esperada, y yo no
he querido amargarle la velada° con la noticia de su
desastrado fin.

Hablamos también de Erasmo Roterodamo°,
cuyo *Elogio de la locura*—que poseo en edición bi-
lingüe—no conoce. Y tras haberlo leído, se sor-
prende de que sea esa obrita menor y satírica la
única que tengo del gran pensador cristiano, y de
que no haya entre mis libros algunos de los *Colloquia*
o al menos el *Enchiridion,* tan notablemente trasla-
dado en la lengua castellana por el Arcediano del
Alcor°. Igualmente busca en los estantes de la librería obras de los grandes autores Horacio, Virgilio,
Ovidio, Séneca y Cicerón; casi en vano: apenas encuentra más que unas odas de Horacio, la *Eneida*
(pero no las *Bucólicas* ni las *Geórgicas,* mucho más
importantes), las *Metamorfosis* y nada de Séneca ni de
Cicerón. También parece causarle decepción el hecho de que sean versiones trasladadas en castellano,
y no los textos originales, si bien pondera la propiedad y arte de las traducciones, lo mismo las de los
autores latinos que las de Petrarca°, que también
poseo; pero de nuevo le extraña no encontrar de
este autor más que poemas—bellos, sí, pero carentes
de doctrina—y no el *Secretum* o algún otro tratado en
prosa.

---

requerimiento
demand

se demuda   *cambia*

Alfonso   *Alfonso de
Valdés (1490–1532),
escritor y secretario del
Emperador Carlos V*

poniendo ... luna
lauding, extolling

amargarle la velada   to
spoil the evening

Erasmo Roterodamo
*Erasmo de Rotterdam,
escritor y humanista
holandés (1467–1536)*

Arcediano del Alcor
Archdeacon of Alcor;
*Alonso Fernández de
Madrid, erasmista
español, tradujo a
Erasmo en 1524.*

Petrarca   *poeta italiano
(1304–1374)*

Por otra parte, la mayoría de los autores que pueblan mi biblioteca le son absolutamente desconocidos; cosa explicable, dado que la mayor parte son posteriores a su siglo, o bien demasiado antiguos para él, ya que Valdés desconoce prácticamente toda la literatura medieval, con la casi exclusiva excepción de Juan de Mena° y *La Celestina*°. Nada le dicen los nombres de Juan Ruiz, Berceo° o Sem Tob°, cuyo estilo encuentra además rudo y bárbaro.

Juan de Mena *escritor español (1411–1456)*
La Celestina *obra dramática de Fernando de Rojas (siglo XVI)*
Ruiz, Berceo *poetas españoles: Juan Ruiz (¿1283?-1350) y Gonzalo de Berceo (1195–1265)*
Sem Tob *rabí y poeta español (1350–1369)*

Le he prestado una edición moderna de *El Quijote*, que ha leído con asombrosa rapidez. Lo considera uno de los mejores libros de entretenimiento que jamás haya leído. Don Miguel de Cervantes es hombre doctísimo° y de agudo ingenio, y su historia llena de curiosidad y de provecho°; los personajes, verosímiles y guardado el decoro de ellos°; la lengua, clara y usada con propiedad y arte; las sales que por doquier° salpican el libro, graciosísimas y deleitosas; la doctrina, de mucho provecho, así en la reprensión de las mentirosas historias de caballerías como en las cuestiones morales; y algunos discursos, extremados, como el de la Edad de Oro o el de las Armas y las Letras°. Concluye que a partir de Cervantes bien puede la lengua castellana equipararse a la toscana y aun sobrepasarla, pues existiendo Cervantes no falta ya autoridad digna de imitación en nuestra lengua. Y si el autor hubiera puesto su ingenio al servicio de más alto sujeto°, no habría en el mundo libro que pudiera comparársele, y podría afirmarse la superioridad de los poetas nuevos sobre los antiguos.

doctísimo very learned
de provecho useful
guardado ... ellos *presentados con respeto*
por doquier on all sides

Edad ... Letras *pasajes clásicos del Quijote*

más alto sujeto *personaje o tema más importante*

A continuación, lee para mí un pasaje, uno solo de entre los que le han parecido más dignos de nota:

«Don Quijote le rogó le dijese quién era, pues él le había dado parte de su condición y de su vida. A lo que respondió el del Verde Gabán:

——Yo, señor Caballero de la Triste Figura, soy un hidalgo natural de un lugar donde iremos a comer hoy, si Dios fuere servido°. Soy más que medianamente rico y es mi nombre

Dios fuere servido God granting

don Diego de Miranda; paso la vida con mi mujer, y con mis hijos, y con mis amigos; mis ejercicios son el de la caza y pesca, pero no mantengo halcón ni galgos, sino algún perdigón manso o algún hurón atrevido°. Tengo hasta seis docenas de libros, cuáles de romance° y cuáles de latín, de historia algunos y de devoción otros; los de caballerías aún no han entrado por los umbrales de mis puertas. Hojeo más los que son profanos que los devotos, como sean de honesto entretenimiento, que deleiten con el lenguaje y admiren y suspendan con la invención, puesto que déstos hay muy pocos en España. Alguna vez como con mis vecinos y amigos, y muchas veces los convido: son mis convites limpios y aseados°, y no nada escasos; ni gusto de murmurar° ni consiento que delante de mí se murmure; no escudriño las vidas ajenas, ni soy lince de los hechos de los otros; oigo misa cada día; reparto de mis bienes con los pobres, sin hacer alarde° de las buenas obras para no dar entrada en mi corazón a la hipocresía y vanagloria, enemigos que blandamente se apoderan del corazón más recatado; procuro poner en paz los que sé que están desavenidos°; soy devoto de Nuestra Señora, y confío siempre en la misericordia infinita de Dios Nuestro Señor.»

perdigón ... atrevido tame partridge and a daring ferret
romance *lengua romance, i.e., castellano*

aseados neat, orderly
murmurar *criticar*

sin hacer alarde without showing off

desavenidos at odds

Y, mientras lee, me doy cuenta de que tal vez Valdés—el intelectual cortesano, el hombre de confianza del Emperador, el maestro carismático que guía a la bella y desdichada Giulia Gonzaga° por el camino de la piedad, el acusado de hereje—no desee ser más que eso: un Caballero del Verde Gabán, hidalgo de pueblo piadoso y sobrio, rico sin ostentación y de mesurada° caridad, que ni murmura ni consiente en la murmuración, que no escruta vidas ajenas—ese escrutar que (Valdés lo sabe) lleva a otros a la exclusión, al deshonor y a la hoguera°—y que quizás, entre los libros de devoción que lee,

Giulia Gonzaga *discípula favorita de Valdés en Italia*

mesurada *moderada*

hoguera burning at the stake

tenga el *Enchiridion* de Erasmo. Y mientras Valdés sigue la lectura, con su voz bien educada, acostumbrada a leer en alto, recuerdo que es así como le he visto servirse de los libros en todos estos días que lleva en mi casa; aunque leyese para sí, no lo hacía en silencio: sus labios se movían perceptiblemente, articulando con cuidado las palabras en un levísimo murmullo casi inaudible, y su cara cambiaba de expresión a tenor de° lo que leía, como si para captar cabalmente el sentido de las palabras tuviese también que articularlas, que oírlas, que dotarlas al menos de un esbozo de mímica°. Y, al mismo tiempo, compruebo que nunca había entendido yo tan bien las palabras de don Diego de Miranda como ahora que las oigo, como ahora que se han despojado de su carácter de signos oscuros sobre el papel para convertirse efectivamente en palabras, en vocablos pronunciados por una lengua viva° y con una entonación precisa; y me pregunto, por primera vez en mi vida, si Cervantes no lo escribió para que se leyera así y no en la soledad silenciosa de nuestras miradas sobre el papel.

a tenor de *de acuerdo con*

un esbozo de mímica *haciendo un leve gesto*

lengua viva *un idioma hablado*

Tercera parte

La soledad en que vivo extraña a mi amigo Valdés: esta casa silente, sin el trasiego° de esclavos y criadas; la cocina desierta, carente del bullicio° de pícaros— sí, usó esa palabra, lo recuerdo bien—y cocineros; el mismo hecho de que a mi puerta no llamen todos los días sucesión de pobres de pedir, vendedores ambulantes, rústicos que vienen a colocar en la ciudad las frutas de sus huertos o la miel de sus colmenas, buñoleros moriscos, alcahuetas encajeras°, niños desharrapados°, ciegos distribuidores de pliegos y oraciones, dueñas santeras ni monjes pedigüeños°; todo ello le llena de estupor. Y con su serena mesura se muestra atónito de que yo misma haga la cama,

trasiego *movimiento*

bullicio uproar

alcahuetas encajeras procurers who sell lace
desharrapados ragged
pedigüeños pestering

corra las cortinas, ponga a lavar la ropa, barra el
piso, limpie el polvo, encienda luces, guise el al-
muerzo, sirva la mesa, friegue la loza°, me vista, me
peine, me lave con esa frecuencia que se le antoja°
obsesiva, cosa mi ropa y luego, sin transición, me
siente a oír música y a leer un libro. ¿Qué extraña
clase de criada de mí misma soy, que trenzo sola mis
cabellos y compongo mi lecho y el suyo (él es incapaz
de hacerlo), que con mis propias manos hago de
comer y me sirvo a mí misma y le sirvo a él mientras
juntos hablamos del nuncio Baldasare de Casti-
glione°, que sumerjo las manos enguantadas de
gomas en el agua grasienta del fregadero mientras
comento la traducción de su *Cortesano* que hizo Bos-
cán° y que pongo fondo musical de alta danza y
vihuela° a la tarea de barrer? ¿No tengo acaso
criados que me sirvan, no soy acaso persona de
calidad como indica mi condición de mujer letrada?
Sí, soy todo eso y no tengo a nadie, absolutamente a
nadie que me sirva y otros como yo tampoco tienen a
nadie y viven solos, sirvientes de sí mismos, en casa
solitarias y silenciosas como ésta.

    Valdés vacila un momento, parece que va a decir
algo y luego se hunde en meditaciones que tal vez le
ayuden a comprender o tal vez no, pero al cabo se
interrumpe en su denso pensar para negar que yo
viva sumida en° el silencio: es cierto que en mi casa
no hay bullicio, pero un rumor persistente, que yo
no percibo pero él sí, murmura constantemente en
mi vida y es el fondo continuo de mis actos. Son mil
sonidos que yo no oigo, pero que los oídos de mi
amigo el humanista distinguen bien, aunque no se-
pan determinar su origen. Porque está acostumbrado al silencio campestre sólo quebrado por la
hoja que el viento mece, por el pájaro o por el
cuerpecillo breve que se remueve en el matorral°; y
tiene como suya la algarabía de las ciudades°, hecha
de voces humanas, de pregones, de campanas, de
chirriar de ruedas de carros, de cascos de caballerías, del chapoteo del agua arrojada desde las ventanas; y conoce el monótono traqueteo° de los ca-

friegue la loza
  wash the dishes
se le antoja *él cree*

Castiglione *escritor
italiano (1478–1529)*

Boscán *Juan Boscán,
poeta español (1492–
1542)*
vihuela Spanish lute

sumida en submerged
  in

matorral thicket
algarabía … the city's
  noise

traqueteo clatter

minos, el trote de la mula de viaje sobre el polvo o el violento mecer de los escasos coches de las nobles damas; y hasta sabe del batir del mar, de las olas rotas en las rocas o deshechas múltiples, del aleteo de las lonas de la vela°. Mas éste es un sonido distinto, sordo y constante: es un rumor mecánico de fuente indefinible que viene de todas partes y a todas partes va.

aleteo ... vela ripple of sails

Valdés se declara incapaz de determinar su origen, pero yo ya sé lo que es; es el sonido que producen las invisibles máquinas que nos acompañan en nuestra vida de todos los días, los ruidos vibrantes que inquietan a mi amigo incapaz de identificarlos y que resultan, de tan cotidianos, inaudibles para nosotros, los que habitamos este siglo XX: el vibrante mecer de la lavadora del piso de al lado, la punzada° eléctrica del frigorífico que se pone en marcha en nuestra propia cocina, el zumbido monótono y metálico de la aspiradora de la vecina de arriba, el deslizarse del agua en las empotradas cañerías°, el pitido histérico del ordenador° en el cuarto contiguo°, el teclear de una máquina de escribir, el huracán doméstico del secador de pelo que se percibe lejano; y más lejos, más amortiguado° pero omnipresente, el perpetuo trajinar, vibrante y rugiente, del tráfico ciudadano: embragues, acelerones, frenazos°, el esfuerzo de un motor para salvar un repecho lejano°, el chirrido° de unos frenos no se sabe dónde. Nada de eso oigo yo, hecha como estoy a su presencia, y nada de eso escapa a los oídos de este hombre de hace cuatro siglos que, desconocedor de su origen, escruta cada sonido para él nuevo, tratando de orientarse hacia la fuente invisible que lo produce.

punzada surge

empotradas cañerías built-in pipes
pitido ... ordenador the beep of the computer
contiguo next-door
amortiguado softened, dulled

embragues ... car noises
salvar ... lejano build up speed for a steep hill
chirrido squeal

Cuarta parte

Pero no todos son sonidos inquietantes, que Valdés se esfuerza por definir. Está también —sin salir del

entorno° de la casa, que mi amigo aún no ha abandonado — el sonido armonioso de la música, que tanto
deleita a un hombre de su siglo.

El equipo estereofónico fue quizás el único artilu-
gio° doméstico ante el que no pudo reprimir la ma-
nifestación de su entusiasmo y su sorpresa: sencillamente fascinado, elogió sin mesura la maravillosa
oportunidad que le ofrecía, la enorme ventaja que
disfrutaba; una oportunidad, una ventaja tan an-
siada, tan soñada, tan imposible como el deseo —
también satisfecho en nuestro mundo — de volar:
guardar la música, hacerla brotar mágicamente en
el momento y el lugar en que se desee, sin necesidad
de músicos ni de instrumentos; controlar su volumen a placer, sumirse en su deleite en cualquier
oportunidad en que uno quiera. Juan de Valdés
jamás se atrevió a soñar algo semejante, que parece
sacado de la más atrevida, loca, irrealizable fantasía.

Y así, muchas son las tardes que pasamos en silencio, escuchando música, en una habitación en penumbra en la que va anocheciendo lentamente hasta
quedar en tinieblas, porque a Valdés le hiere la vista
la agresiva potencia de nuestra luz eléctrica y procu-
ramos demorar el momento de encenderla. Y nunca
se me ocurrió que la música pudiera ser distinta así,
escuchada en una penumbra creciente en la que se
sumergen poco a poco el rostro de mi amigo, los
bultos de los muebles, las sombras de las cortinas,
hasta que queda sólo la oscuridad y, en ella, la lucecita roja y blanca del aparato que produce música.

Luego, cuando los discos se acaban y hay que
encender la luz — enciendo las más tenues°, y aún así
las velo con pañuelos y lienzos para no deslumbrar°
a mi amigo — Valdés toma una guitarra que ha
aprendido a tocar porque en la corte de Escalona°
supo tañer bien la vihuela y canta con su bella voz
canciones de una rusticidad encantadora y corte-
sana; y compruebo con asombro que son los mismos
villancicos y zéjeles° de Juan del Encina° que, por
complacerle, yo había seleccionado para oír en disco
y que Valdés no ha reconocido al escucharlos, pero

entorno   confines

artilugio   contraption,
gadget

las más tenues   the
weakest
deslumbrar   dazzle

Escalona   *villa de
España, donde estuvo
Valdés al servicio del
Marqués de Villena*

villancicos y zéjeles
Christmas carols and
Moorish poems
Juan del Encina
*escritor y músico español
(1468–1529)*

sin duda le han evocado las músicas y letras que conoce bien. Ahora las canta él, sin darse cuenta de que repite el disco que acabamos de oír, y compruebo cuán distinta es su interpretación de la arqueológica y estereotipada de la grabación, y qué diferentes suenan las notas que él puntea° con el plectro en este instrumento que aún no domina, y qué nuevo significado adquieren las letras, mucho menos relamidas° y más llenas—sin perder su delicioso equilibrio renacentista—de pícara intención cuando las canta Valdés.

puntea   he plucks

menos relamidas   less affectatious

Quinta parte

Los primeros, tímidos pasos callejeros, los dimos por la noche. Me pareció mejor ese momento, temiendo alguna imprevisible reacción de mi amigo, que difícilmente hubiera podido disimularse a plena luz del día y en medio del tráfago° callejero, pero que la oscuridad y la escasez de testigos que la noche ofrece podrían encubrir.

tráfago   *tráfico*

Salimos, pues, una noche sigilosamente°. Una noche en que había llovido y las calles estaban húmedas y brillantes y sobre el asfalto rielaban las múltiples luminarias callejeras, ésas que nosotros no advertimos, pero que fascinaron a Valdés: a sus ojos, la pequeña calle en que vivo, con su línea de farolas y los neones y muestras iluminados de los comercios, parecía invadida por una procesión festiva y suntuosa, como esas hileras de antorchas y hachones° que escoltaban a los grandes señores, a las altas damas, en sus entradas triunfales a las ciudades y a los palacios. Ni un emperador—ni el Emperador° triunfante—hubiera podido contar en el siglo de Valdés con aquel despliegue° de luces que exhibía mi calle pequeña de un barrio modesto de una pequeña ciudad. Las luces anaranjadas de las farolas escolta-

sigilosamente   silently and secretly

hachones   large torches

Emperador   *Emperador Carlos V (1519–1556)*

despliegue   display

ban aquella cinta de asfalto mojada y reluciente y de cada ventana, de cada escaparate brotaba un nunca visto chorro de luz, que tornaba la noche en día, y los cristales, los múltiples y anchos cristales de las fachadas relucientes, devolvían cada brillo, cada foco, y lo multiplicaban copiándoselo los unos a los otros. Nunca había visto Juan de Valdés noche tan deslumbrantemente luminosa, noche en la que era posible andar sin cuidado y sin necesidad de iluminar los pasos, noche tan distinta de aquellas negruras de boca de lobo que se enseñoreaban° de las ciudades antiguas al caer la tarde, noche que nos permitía vernos los rostros como si fuese mediodía.

    Anduvimos así, por las callejas sólo ocasionalmente sobresaltadas por el paso de un coche que, deslizándose —a velocidad vertiginosa para Valdés, que nunca había visto tal ingenio— producía sobre el asfalto un sonido de agua como un escalofrío. Estuvimos andando mucho tiempo mientras en la para mí° penumbra y para mi amigo claro día se iban mostrando los perfiles de los más notables edificios del barrio viejo, la airosa torre de la Catedral cuyo reloj nos dio las doce, los lucientes tejados del barrio bajo que se abrían a nuestros pies desde el mirador°, recién lavados por la lluvia. Andaba Valdés con precaución asombrada por aquellas callejas inmaculadamente limpias, sin bostas, boñigas° ni cajones, sin regatos de aguas residuales ni eternos montones de basura, sin despojos de carnicerías arrojados al arroyo rezumando sangre pútrida, sin barrizales° traidores pese a que había llovido; sólo piedra limpia y asfalto bruñido° y apenas ningún olor en aquellas calles sin bestias ni detritus, sin lodo ni aguas fecales, sin siquiera charcos de agua limpia porque el agua discurre por la calzada y es embebida por las bocas de las alcantarillas mientras —precaución loable°— los caminantes andan en alto por aceras peraltadas°, con gran comodidad y sosiego.

enseñoreaban took charge

para mí *en mi opinión*

mirador *lugar alto*

bostas, boñigas *excrementos de vacas y caballos*

barrizales mud holes

bruñido *pulido*

loable praiseworthy

peraltadas raised

*   *   *

Había pensado muchas veces en esta nuestra primera salida a plena luz del día, tratando de adivinar cuál sería su efecto sobre mi amigo Valdés. Gustaba de prever, en una especie de juego de adivinanzas, cuál sería la realidad que mayor impacto había de causarle: sin duda, la pulcritud° y buena ordenación de las calles, calles que ya notó en su primera salida nocturna; o tal vez la altura impensable de muchos edificios, todos de acero y cristal; o quizás—cómo podía haber sido tan tonta al no preverlo antes—el incesante, velocísimo, vertiginoso tráfico de coches en todas direcciones. Claro, eso había de ser: aquellos caparazones° metálicos de mil colores, semovientes° y rugientes a toda hora, trasladándose de un lado a otro sin cesar, en cruces y lazos inverosímiles, con sus habitantes cómodamente sentados entre cristales. Eso había de constituir su mayor asombro.

pulcritud   cleanliness

caparazones   shells
semovientes   *que se mueven por sí mismos* (here, compared to livestock)

Sin embargo, Valdés prestó al tráfico rodado apenas unos minutos de atención: los suficientes para informarse de la estructura y funcionamiento de los vehículos, de quiénes eran sus propietarios y de su utilidad práctica. Y tras comparar el sonido de la avenida de más tráfico con el estrépito de una batalla, Valdés, siempre más sorprendente que sorprendido, dedicó su atención preferente al paisaje humano.

Porque, a su parecer, nada había más asombrosamente distinto en mi mundo y en el suyo que lo que estábamos presenciando: una calle ciudadana a media mañana de un día de labor, cuando se hace la compra, salen los niños de la escuela, se reparten mercancías o se realizan gestiones° y, por fin, salen los trabajadores del trabajo. Pese al impensable orden en que discurría° el tráfico—peatones por las aceras, vehículos por las calzadas, ausencia de carros y caballerías que todo lo complican—, pese a la admirable policía° con que se conducían mis conciudadanos°, el espectáculo tenía para Valdés un carácter sorprendente, equívoco, caótico y turbador°: nunca había visto tantas y tan desenvueltas° mujeres juntas.

se realizan gestiones do chores

discurría   *se movía*

admirable policía polite behavior
conciudadanos fellow citizens
turbador disturbing
desenvueltas free and easy-going

Eran ellas—cómo yo, estúpida, no lo había advertido—las que invadían las calles, en número superior al de los varones. Así, sin protección varonil, sin velos ni rebozos°, con el rostro descubierto y el cabello al aire, mostrando los brazos desnudos—los turbadores brazos desnudos—en este día de temprana primavera, la cabellera suelta o alzada en moños y coletas° que dejaban al aire el cuello enhiesto° y desenjoyado (todo era piel sin aderezo°), los hombros marcados bajo las tenues blusas o los vestidos delgados, los pechos—ay, los pechos liberados de la cárcel de ballenas del apretado corsé, sin corpiño° siquiera—con su danza flexible, acorde con los pasos; y aquellos lugares en que, corrida y avergonzada°, no se atrevía a descender la mirada de Valdés: menudas cinturas sin prisiones, nalgas apretadas bajo la tela, marcadas piernas en las ceñidas perneras° o, simplemente, piernas desnudas que muestran rodilla, pierna y—también, sí—también el pie, apenas encubierto en ligero zapato, en sandalia calada. Eran ellas, de todas las condiciones, las que invadían la calle con una naturalidad provocante, con sencillez lasciva°: cargaban bolsas de la compra y el espectáculo de su esfuerzo, su piel entresudada° y los músculos de los desnudos brazos tensos alteraba a Valdés; o venían con sus hijos de la mano y, con provocadora naturalidad, nos miraban a la cara sin rebozo°; o, las más jóvenes, las casi niñas, salían de las clases y cruzaban sobre el pecho una mano con un libro mientras sus caderas, en libre contoneo desinhibido°, sonrojaban a mi amigo el humanista.

Hube de llevarlo pronto a casa, alterado y casi descompuesto° por tanto cuerpo libre, tanto rostro descubierto, tanta mirada frontal y tantos labios entreabiertos. Pasó toda la tarde en su cuarto, incapaz de comprender y creo que rezando para apartar de sí el recuerdo obsesivo y lascivo de ese mundo turbador que jamás, jamás será capaz de asimilar, porque una cosa es para él el trato—cercano, delicado, casto—de una mujer venerada en el entorno hogareño, en la recogida intimidad de la casa, y otra muy

velos ni rebozos veils or shawls

moños y coletas set in buns or pigtails
enhiesto erect
sin aderezo bare

corpiño rigid bodice

corrida y avergonzada ashamed and embarrassed

ceñidas perneras tight trousers-legs

sencillez lasciva easy playfulness

entresudada *con sudor*

sin rebozo openly, frankly

desinhibido uninhibited

alterado … shaken and almost sick

distinta e inquietante es ese desfile callejero, anó-
nimo, incesante y vital de cuerpos libres y de rostros
que miran de frente.

Estoy segura de que fue ése el motivo por el cual
me abandonó sin decirme nada; desapareció simplemente de mi casa sin una explicación, sin que yo
lo viese ni supiese cuándo se fue: cualquiera hubiera
dicho que se había volatilizado o, más aún, que
nunca estuvo aquí. Los únicos testimonios de su
paso son un arañazo° que, sin querer, hizo con su   **arañazo**   scratch
espada en el empapelado del pasillo; y un ejemplar
muy sobado° del *Enchiridion* de Erasmo que olvidó   **ejemplar muy sobado**
sobre la mesilla de noche.   a very used copy

Preguntas

A. Primera parte

1. ¿Dónde están los libros de la narradora?

2. ¿Con qué compara la narradora sus libros? ¿Por qué?

3. ¿Qué siente la narradora por los libros? ¿En qué se basa su opinión?

4. ¿Quién imagina la narradora que la visita? ¿En qué siglo vivió este escritor?

5. ¿Dónde vive la narradora, según la historia?

6. ¿Qué ropa lleva el visitante?

7. ¿Cómo es la voz de Juan de Valdés? ¿Cómo la ha cultivado?

8. ¿Por qué toma a la narradora por una sirvienta?

9. Describa la casa de la narradora.

10. Cite cuatro cosas con las que la mujer trata de impresionar a Valdés.

11. Cite cinco de las novedades a que se enfrentaron los hombres en el siglo de Valdés.

12. Cite tres maravillas caseras de nuestro tiempo.

13. ¿Por qué no le sorprenden al visitante las ropas modernas que ella le facilita?

14. ¿Para qué necesita criados Valdés cuando recibe la nueva ropa?

B. Segunda parte

1. ¿A qué se ha dedicado Valdés en los primeros días?

2. De acuerdo con las observaciones que hace Valdés de los libros modernos, describa usted los libros antiguos.

3. ¿Qué libros echa de menos Valdés? ¿A qué lengua le llama él *toscano?*

4. ¿Cuáles eran los centros editoriales del siglo XVI? ¿Cuáles son los de ahora?

5. ¿Cómo reacciona Valdés al encontrar en la biblioteca de la narradora su obra *Diálogo de la lengua?*

6. ¿A qué poeta alaba Valdés? ¿Qué ignora Valdés de él?

7. Cite dos obras valiosas de la biblioteca de la narradora y dos que Valdés lamenta que ella no posea.

8. ¿Qué obra medieval española conoce Valdés? ¿Qué opina del estilo de Juan Ruiz y del de Berceo?

9. Cite cinco cualidades que señala Valdés de *El Quijote.*

10. Describa brevemente al Caballero del Verde Gabán, de acuerdo con lo que éste le dice a Don Quijote.

11. ¿Qué diferencia hay entre la manera de leer de Valdés y la de nuestro tiempo?

C. Tercera parte

1. Describa la vida doméstica en una ciudad del tiempo de Juan de Valdés.

2. Cite tres aspectos de la vida de la narradora que sorprenden principalmente a Valdés.

3. El silencio y el ruido son diferentes para Valdés y para la mujer. ¿Qué ruidos caracterizan la época de uno y de otra?

4. ¿Qué metáforas usa la autora para describir el sonido de la lavadora, la aspiradora, el ordenador y el secador de pelo?

D. Cuarta parte

1. Mencione tres razones por las que Valdés se entusiasma al conocer el equipo estereofónico.

2. ¿Qué le hiere la vista a Valdés? ¿Por qué?

3. ¿Qué instrumento musical toca Valdés? ¿Qué instrumento parecido había en su época?

4. ¿Qué canciones canta Valdés? ¿Las conoce su anfitriona?

E. Quinta parte

1. ¿Cuándo salieron a la calle Valdés y su anfitriona por primera vez? ¿Por qué?

2. ¿Qué causó la admiración de Valdés?

3. ¿Cómo se iluminaban las calles en tiempos de Valdés?

4. Señale tres diferencias entre las calles de hoy y las del siglo XVI.

5. ¿Qué pensaba la narradora que iba a causarle mayor impacto a Valdés al salir durante el día? ¿Qué otras cosas pensaba ella que le asombrarían a él? ¿Estaba acertada en sus suposiciones?

6. ¿Qué ruido compara él con el estrépito de una batalla?

7. ¿Qué le llamó más la atención a Valdés, al caminar por la ciudad?

8. ¿Por qué le asombró tanto el aspecto y la conducta de las mujeres?

9. ¿Por qué se marchó Valdés?

10. ¿Qué pruebas quedaron de la visita de Valdés? ¿Ocurrió realmente?

Temas

1. ¿Por qué no podemos estar seguros de comprender completamente los libros de otras épocas históricas? ¿Cómo podríamos entender mejor esos libros?

2. ¿Qué ganaríamos si pudiéramos hablar personalmente con Cervantes o Shakespeare?

3. ¿Qué señales y símbolos de una ciudad de hoy serían incomprensibles para un hombre del siglo XIX?

4. Describa a la narradora del cuento desde el punto de vista de Juan de Valdés.

5. Imagine que usted recibe la visita de Thomas Jefferson o de Mark Twain; describa las cosas que asombrarían a uno de estos hombres al conocer cómo vive usted.

Ejercicios

A. **Si tú supieras …**

Complete las siguientes oraciones condicionales desde su propio punto de vista.

1. Si yo pudiera conocer en persona a la autora de este cuento

_____

2. Si mi hermano visitara España

_____

3. Si viniera a visitarme Shakespeare

_____

4. Si cumplieses con tus obligaciones

_____

5. Si leyeras *El Quijote*

_____

B. **Diversas formas del futuro en español**

En este cuento se emplean varias formas para expresar el futuro: 1) el tiempo futuro del verbo (Juan vendrá con Anita), 2) el presente con sentido de futuro (Juan viene esta noche), 3) el verbo *ir* conjugado y la preposición *a* seguida del verbo principal en infinitivo (Juan va a llamar a su novia), 4) el verbo *haber* conjugado en el presente, seguido de la preposición *de* y el infinitivo del verbo principal (Juan *ha de llegar* a tiempo).

Cambie estas oraciones al futuro usando las diferentes formas de expresarlo.

1. María Elena (aceptar) la invitación para el concierto.

2. El profesor Ruiz (viajar) a Buenos Aires en agosto.

3. Miguel (conversar) con los visitantes en italiano.

4. Ellos (decir) que no desean artilugios modernos.

5. Tú (salir) sigilosamente por la noche.

Vocabulario

Este vocabulario se limita a las palabras que puedan resultar desconocidas o difíciles para los estudiantes. Generalmente no se incluyen participios pasivos usados como adjetivos, sino el infinitivo de los respectivos verbos. En cuanto a los adverbios derivados de adjetivos, sólo hemos dado el significado de estos últimos. La mayoría de las frases o expresiones idiomáticas aparecen en los márgenes, en el lugar donde han sido usadas, para evitar frecuentes y repetidas vueltas a este glosario general.

A

abalanzarse, *v.,* to rush at, hurl oneself at

abastecer, *v.,* to supply, to provide

abigarrado, *adj.,* motley, ill assorted

abofetear, *v.,* to slap (the face)

aborregado, *adj.,* fleecy

abrocharse, *v.,* to button, hook, fasten

abrumado, *adj.,* overwhelmed, annoyed

absorto, *adj.,* entranced, absorbed

abullonado, *adj.,* adorned, embroidered

acariciar, *v.,* to caress

acarrear, *v.,* to transport, haul

acatar, *v.,* to respect, obey, accept

acelerón, *s.m.,* great acceleration

acepción, *s.f.,* meaning, sense

acequia, *s.f.,* irrigation ditch

acera, *s.f.,* sidewalk

aclarar, *v.,* to rinse, clear, brighten

acobardarse, *v.,* to be frightened

acoger, *v.,* to receive, accept, welcome

acolchado, *adj.,* padded, quilted

acongojar, *v.,* to distress, grieve

acosar, *v.,* to harass, to pursue

acostumbrarse, *v.,* to become accustomed

acudir, *v.,* to attend, come along, keep an appointment

achacoso, *adj.,* ailing, sickly

ademán, *s.m.,* gesture, attitude

adentrarse, *v.,* to go into, get into

aderezo, *s.m.,* set of jewelry, adornment

adivinanza, *s.f.,* riddle, guess

advertir, *v.,* to warn, notify, notice

aferrarse, *v.,* to insist, cling
afilado, *adj.,* sharp, pointed, peaked
aflojar, *v.,* to loosen, to let go, slacken
aflorar, *v.,* to crop out, appear on the surface
afueras, *adv.,* outskirts
agalla, *s.f.,* gill
agazapado, *adj.,* crouching, hiding
agitarse, *v.,* to get excited
aglomeración, *s.f.,* crowd, agglomeration

agobiante, *adj.,* oppressive
agolparse, *v.,* to rush, crowd together; to flock, throng
agravante, *adj.,* aggravating
agravante, *s.m.,* additional burden, difficulty
aguja, *s.f.,* needle
ahogarse, *v.,* to drown, suffocate
ajeno, *adj.,* belonging to another
ajuar, *s.m.,* trousseau

alacena, *s.f.,* cupboard
alarde, *s.m.,* display, ostentation
alargar, *v.,* to lengthen, extend, prolong
albañilería, *s.f.,* masonry
albergar, *v.,* to shelter, house, harbor
alborozado, *adj.,* jubilant, overjoyed
alcahueta, *s.f.,* procurer, go-between
alcantarilla, *s.f.,* sewer, drain
aldaba, *s.f.,* door knocker
alejarse, *v.,* to move away, move aside
alero, *s.m.,* eave
aleteo, *s.m.,* flip, flutter

algarabía, *s.f.,* gibberish; chatter
aliento, *s.m.,* breath, courage
aliso, *s.m.,* alder tree
alivio, *s.m.,* relief, remedy, alleviation
almacenar, *v.,* to store
altavoz, *s.m.,* loudspeaker
alteración, *s.f.,* disturbance
alumbrar, *v.,* to light
alzado, *adj.,* elevated
allanamiento, *s.m.,* housebreaking, burglary

amago, *s.m.,* threat, menace
amanecer, *v.,* to dawn, break (the day)
amanecida, *s.f.,* dawn
amapola, *s.f.,* poppy
amargar, *v.,* to spoil, to embitter
amasar, *v.,* to mix, prepare
ámbar, *s.m.,* amber
ambientador, *s.m.,* air freshener
ambulante, *adj.,* itinerant, traveling
amenazador, *adj.,* threatening
amodorrado, *adj.,* drowsy, sleepy
amodorrarse, *v.,* to get drowsy
amortiguado, *adj.,* softened, toned down
ampolla, *s.f.,* blister

andamio, *s.m.,* scaffold, platform
anegado, *adj.,* flooded
anegar, *v.,* to flood, drown
anfitrión, *s.m.,* host
angustioso, *adj.,* worrisome
anidar, *v.,* to harbor, to shelter
ánima, *s.f.,* soul
animar, *v.,* to cheer up, to motivate
anochecer, *v.,* to get dark
antemano (de), *adv.,* beforehand
antojarse, *v.,* to feel like, fancy
antorcha, *s.f.,* torch

anular, *v.,* to annul, to nullify

añorar, *v.,* to long for, sorrow for

apacible, *adj.,* gentle, mild, calm

aparecido, *s.m.,* ghost, specter

aparejos, *s.m.,* equipment, implements

apenas, *adv.,* hardly

apetecer, *v.,* to hunger for, crave, thirst for

apilar, *v.,* to pile up

aplastar, *v.,* to crush, smash

apoderarse, *v.,* to get hold of

apremiar, *v.,* to press, urge, hurry

aprendizaje, *s.m.,* apprenticeship

apresurarse, *v.,* to hurry, hasten

apretar, *v.,* to tighten (up)

aprovechar(se), *v.,* to take advantage of

apuntar, *v.,* to note (in writing)

apurar, *v.,* to finish off, drain, drink up, hurry

araña, *s.f.,* spider

arañazo, *s.m.,* scratch

archivar, *v.,* to file

arenga, *s.f.,* harangue, speech

aricar, *v.,* to plow the surface of

armario, *s.m.,* wardrobe, cabinet

aro, *s.m.,* ring, rim, hoop

arráez, *s.m.,* captain, leader

arrancar, *v.,* to start

arrasar, *v.,* to level, flatten, raze to the ground

arrasarse, *v.,* to clear up, break down into parts

arrastrar, *v.,* to drag, haul

arrecife, *s.m.,* reef, dike

arreglarse, *v.,* to get dressed (for social occasion)

arreglo, *s.m.,* adjustment, settlement, order

arrendar, *v.,* to rent

arriesgarse, *v.,* to take a risk

arrodillarse, *v.,* to kneel down

arrostrar, *v.,* to face, face up

arroyo, *s.m.,* stream, brook

arrugado, *adj.,* wrinkled, creased

artilugio, *s.m.,* contraption, gadget

asa, *s.f.,* handle

asco, *s.m.,* disgust, nausea, loathing

aseado, *adj.,* clean, neat, tidy

asentir, *v.,* to assent, agree

asir, *v.,* to seize, take hold of

asistenta, *s.f.,* maid

asomarse, *v.,* to appear, stick out

asombro, *s.m.,* fright, astonishment, wonder

áspero, *adj.,* rough, harsh

aspiradora, *s.f.,* vacuum cleaner

aspirar, *v.,* to inhale, breathe in, aspire

astucia, *s.f.,* cunning, craftiness

asunto, *s.m.,* subject, matter, affair

atado, *adj.,* tied

atajar, *v.,* to intercept, interrupt

atasco, *s.m.,* obstruction, impediment, traffic jam

atisbar, *v.,* to watch, spy on

atónito, *adj.,* astounded, aghast

atravesar, *v.,* to pass through, cross

atrevido, *adj.,* bold, daring

atrofiado, *adj.,* atrophic, wasted away

atropellarse, *v.,* to act hastily

auge, *s.m.,* summit, apex; popularity

augurar, *v.,* to foretell, divine

aunar, *v.,* to join, combine

aura, *s.f.,* gentle breeze, air, atmosphere

autopista, *s.f.,* highway

avasallar, *v.,* to subjugate, subdue, dominate
aventajar, *v.,* to excel
avería, *s.f.,* breakdown, damage
azadón, *s.m.,* large hoe
azar, *s.m.,* chance, fate
azote, *s.m.,* whip, flogging

B

baldosa, *s.f.,* floor tile, flagstone
ballena, *s.f.,* rib or support in clothing
barbilla, *s.f.,* chin
barbudo, *adj.,* bearded
barriada, *s.f.,* neighborhood, district
barrizal, *s.m.,* mud hole
bata, *s.f.,* robe, dressing gown
batería, *s.f.,* footlights
baúl, *s.m.,* trunk
bienes, *s.m.,* wealth, riches, possessions
bigote, *s.m.,* mustache
blando, *adj.,* flabby, soft
blanquecino, *adj.,* whitish
blindado, *adj.,* shielded, protected, armored

bofetada, *s.f.,* slap in the face
bombilla, *s.f.,* electric bulb
boñiga, *s.f.,* manure, cow or horse dung
boquete, *s.m.,* opening, breach
boreal, *adj.,* northern
borroso, *adj.,* blurred, fuzzy
bosta, *s.f.,* cow or horse dung
botín, *s.m.,* plunder, spoils
bóveda, *s.f.,* dome
braña, *s.f.,* small village (*Asturias and León*)
brasa, *s.f.,* red-hot coal
brecha, *s.f.,* gap, opening
brindar, *v.,* to offer

bronce, *s.m.,* bronze
brotar, *v.,* to come forth, to sprout
bruñido, *adj.,* polished, burnished
brusco, *adj.,* sudden, sharp

bucear, *v.,* to dive
bulto, *s.m.,* package, baggage, bulk
bullente, *adj.,* noisy, rowdy
bullicio, *s.m.,* rumble, uproar
buñolero, *s.m.,* doughnut or fritter maker
burlón, *adj.,* joking, mocking

C

cabalmente, *adv.,* exactly; completely
caballería, *s.f.,* cavalry, chivalry; knighthood
cabecera, *s.f.,* headboard
cabellera, *s.f.,* head of hair
cabo, *s.m.,* corporal
cacha, *s.f.,* cane
cadera, *s.f.,* hip
cajetilla, *s.f.,* cigarette pack
cal, *s.f.,* lime
calabozo, *s.m.,* prison cell
calado, *adj.,* perforated, pierced
calcetín, *s.m.,* sock
caliza, *s.f.,* limestone
calzada, *s.f.,* highway
calzas, *s.f.,* breeches, tights
calzón, *s.f.,* breeches
calzoncillos, *s.m.,* underpants, shorts
callejero, *adj.,* street
cámara, *s.f.,* room, hall; camera
camilla, *s.f.,* stretcher; cot
camiseta, *s.f.,* undershirt; T-shirt
campanario, *s.m.,* belfry
campestre, *adj.,* rural, countrylike
campo, *s.m.,* field, countryside
canalón, *s.m.,* gutter

canícula, *s.f.,* midsummer heat; dog days
cañería, *s.f.,* pipe
caparazón, *s.m.,* hard shell; turtle shell
capataz, *s.m.,* foreman
carajo, *interj.,* (vulg.) damn, blast it
carburo, *s.m.,* carbide
carcajada, *s.f.,* loud laugh, guffaw
carcomido, *adj.,* worm-eaten
cardo, *s.m.,* thistle
carente, *adj.,* lacking
caricia, *s.f.,* caress
carnoso, *adj.,* fleshy, meaty, fat
carpeta, *s.f.,* portfolio
carraspear, *v.,* to clear one's throat
carro, *s.m.,* carriage, cart, wagon
cartilla, *s.f.,* book; ID
cascado, *adj.,* worn out, exhausted
casco, *s.m.,* helmet, hoof
casero, *adj.,* domestic, homemade
casquillo, *s.m.,* cap, tip; cartridge
castañetear, *v.,* to chatter (teeth)
castigo, *s.m.,* punishment
casto, *adj.,* chaste, pure
catedrático, *s.m.,* professor
cauteloso, *adj.,* cautious, guarded
caza, *s.f.,* hunting
cazadora, *s.f.,* jacket, hunting jacket
ceja, *s.f.,* eyebrow
cejar, *v.,* to back down, withdraw
celda, *s.f.,* cell, prison cell
cenefa, *s.f.,* edging, border
cenicero, *s.m.,* ashtray
censura, *s.f.,* censorship
centelleante, *adj.,* sparkling, gleaming
ceñir, *v.,* to fasten around, fit tight
cepillo, *s.m.,* brush
cercanía, *s.f.,* nearness, proximity
cerilla, *s.f.,* wax match
cerrojo, *s.m.,* bolt
cesar, *v.,* to stop, cease
cieno, *s.m.,* mud, slime

cierre, *s.m.,* latch, lock
ciervo, *s.m.,* stag
cisterna, *s.f.,* reservoir, tank
clavija, *s.f.,* peg
claxon, *s.m.,* horn (of a car)
coágulo, *s.m.,* clot
coartada, *s.f.,* alibi
cobertizo, *s.m.,* shed, outhouse
cohete, *s.m.,* rocket
cohibir, *v.,* to restrain, inhibit
cola, *s.f.,* tail
colcha, *s.f.,* quilt, bedspread
colchoneta, *s.f.,* mattress
coleta, *s.f.,* pigtail
colilla, *s.f.,* stub, cigarette stub
colmar, *v.,* to fill up
colmena, *s.f.,* beehive
colonia, *s.f.,* cologne; colony
collado, *s.m.,* small hill
comba, *s.f.,* bulge, warp
cometido, *s.m.,* commitment, task
complacencia, *s.f.,* satisfaction, indulgence
complacer, *v.,* to please
complicarse, *v.,* to become involved
comprometedor, *adj.,* dangerous, risky
compuerta, *s.f.,* floodgate, water gate
conciudadano, *s.m.,* fellow citizen
concha, *s.f.,* shell, tortoise shell
congestionado, *adj.,* congested, flushed
congratularse, *v.,* to rejoice
conserje, *s.m.,* janitor
conserva, *s.f.,* canned food
contera, *s.f.,* tip, metal tip
contiguo, *adj.,* adjoining, contiguous
contoneo, *s.m.,* strut
contraer, *v.,* to join, tighten; contract
contratación, *s.f.,* contract, trade

contraventana, *s.f.,* window shutter
convidar, *v.,* to invite, treat
convite, *s.m.,* banquet, party, treat
conyugal, *adj.,* marital
coraje, *s.m.,* courage, toughness
corazonada, *s.f.,* hunch,
  presentiment
corpiño, *s.m.,* bodice, waist-length
  undergarment
corredor, *s.m.,* hall, corridor
corretear, *v.,* to run about
corrido, *adj.,* embarrassed; worldly,
  experienced
corro, *s.m.,* ring, circle
corromper, *v.,* to corrupt; to rot
corsé, *s.m.,* corset
cosmopolita, *adj.,* sophisticated,
  worldly
cotidiano, *adj.,* daily, everyday
cremallera, *s.f.,* zipper
crepitación, *s.f.,* crackling of fire
crispación, *s.f.,* contraction, twitch
crujir, *v.,* to creak, crackle, crunch
cruzar, *v.,* to cut across, intercept
cubierta, *s.f.,* cover
cuelmo, *s.m.,* candlewood (a kind
  of resinous wood)
cuenca, *s.f.,* socket, river basin
cueva, *s.f.,* cave
cultivo, *s.m.,* crop
cumbre, *s.f.,* top, summit

CH

chalet, *s.m.,* cottage, detached
  house
chapa, *s.f.,* badge
chapotear, *v.,* to sponge, moisten
chapuza, *s.f.,* odd job, spare-time
  job
chaquet, *s.m.,* morning coat
charco, *s.m.,* pool, puddle
chasquido, *s.m.,* crack, crackle
chaval, *s.m.,* lad, young child

chillar, *v.,* to shriek, scream
chirriar, *v.,* to grate, to squeak
chirrido, *s.m.,* shriek, creak, hiss
chocar, *v.,* to shock, to annoy
chorro, *s.m.,* jet, flow, stream
choza, *s.f.,* hut, cabin
chozo, *s.m.,* small hut
chulesco, *adj.,* vulgar, flashy

D

decepción, *s.f.,* disappointment
dédalo, *s.m.,* labyrinth
degollación, *s.f.,* throat-cutting,
  massacre
deje, *s.m.,* accent, intonation
delantal, *s.m.,* apron
deleitoso, *adj.,* delightful
delito, *s.m.,* crime
demoler, *v.,* to demolish
demudarse, *v.,* to change
  countenance, change color
dentadura, *s.f.,* teeth, set of teeth
depósito, *s.m.,* warehouse, tank
derruir, *v.,* to demolish, tear down
desabrochar, *v.,* to unfasten
desafiar, *v.,* to challenge, dare
desagrado, *s.m.,* displeasure
desaliento, *s.m.,* discouragement
desamparo, *s.m.,* helplessness,
  abandonment
desapacible, *adj.,* unpleasant,
  disagreeable
desavenido, *adj.,* at odds; in
  disagreement
desazonar, *v.,* to annoy, displease
descalzo, *adj.,* barefoot
descampado, *s.m.,* open space,
  open country
descansillo, *s.m.,* landing
descarado, *adj.,* shameless, brazen
descifrar, *v.,* to decipher, figure out
desclavar, *v.,* to pull out nails
  (from)
descolgarse, *v.,* to descend

descomunal, *adj.,* huge
desconcierto, *s.m.,* confusion, bewilderment
descreído, *adj.,* disbelieving, unbelieving
descubierto, *adj.,* bareheaded, uncovered
desdén, *s.m.,* disdain, scorn
desdentado, *adj.,* toothless
desdeñoso, *adj.,* scornful, disdainful
desembarazarse, *v.,* to get rid of
desenrollar, *v.,* to unroll, unwind
desentrañar, *v.,* to unravel, to figure out
desenvuelto, *adj.,* free and easy, bold
desequilibrar, *v.,* to unbalance
desesperación, *s.f.,* despair
desfalco, *s.m.,* embezzlement
desfile, *s.m.,* parade
desgana, *s.f.,* lack of appetite, indifference
desgarrado, *adj.,* ripped, ragged
desgarrón, *s.m.,* large tear, rip
desgracia, *s.f.,* misfortune
deshacer, *v.,* to undo, take apart, destroy
desharrapado, *adj.,* in rags
deshecho, *adj.,* destroyed, taken apart
deshollinador, *s.m.,* chimney sweep
deslizarse, *v.,* to slide, slip
deslumbrar, *v.,* to dazzle, bewilder, blind
desmesurado, *adj.,* excessive, disproportional
desnortado, *adj.,* disoriented, lost, confused
desnudez, *s.f.,* nakedness
desoír, *v.,* to ignore, disregard
desolador, *adj.,* devastating
desovillado, *adj.,* unwound, disentangled

despacho, *s.m.,* office, study
despertador, *s.m.,* alarm clock
despliegue, *s.m.,* display, unfolding
despoblar, *v.,* to lay waste, depopulate
despojar, *v.,* to strip, dispossess
despojos, *s.m.,* leavings, remains
destello, *s.m.,* sparkle; beam
destierro, *s.m.,* exile
desviarse, *v.,* to deflect, detour
detener, *v.,* to detain, stop
detenido, *adj.,* stopped, waiting
detritus (*var.* of detrito), *s.m.,* debris, ruins, product of wearing away
diadema, *s.f.,* tiara, diadem
diafanidad, *s.f.,* transparence
dibujarse, *v.,* to show, appear
diestro, *adj.,* skillful, handy
difundido, *adj.,* spread, disseminated
digno, *adj.,* worthy
dilatar, *v.,* to expand; delay
diminuto, *adj.,* tiny
dique, *s.m.,* dike
discordia, *s.f.,* disagreement
disculpar, *v.,* to excuse, forgive
disculparse, *v.,* to apologize
discurrir, *v.,* to roam; ponder, talk about
disfrutar, *v.,* to enjoy, take enjoyment
disimulado, *adj.,* sly, concealed
disimular, *v.,* to disguise, hide
disipar, *v.,* to scatter; dissipate
displicente, *adj.,* disagreeable
disponerse, *v.,* to prepare, get ready
distraído, *adj.,* distracted, absent-minded
docente, *adj.,* educational, teaching
docto, *adj.,* learned
dorso, *s.m.,* back

duende, *s.f.,* goblin, elf; ghost
duermevela, *s.f.,* broken sleep, light sleep
dureza, *s.f.,* hardness

E

eclesiástico, *s.m.,* clergyman
economato, *s.m.,* cut-price store
ecuanimidad, *s.f.,* equanimity, calmness, composure
elogiar, *v.,* to praise
embalsar, *v.,* to dam, dam up
embarazo, *s.m.,* difficulty; embarrassment
embarrado, *adj.,* smeared with mud
embebida, *adj.,* absorbed
embozo, *s.m.,* upper hem of bed-clothing
embrague, *s.m.,* clutch
empanada, *s.f.,* meat pie, pastry
empapado, *adj.,* drenched
empapelado, *adj.,* wallpapered
empeñarse, *v.,* to persist, commit oneself
empotrado, *adj.,* built in, recessed
emprender, *v.,* to undertake
empujón, *s.m.,* shove
empuñadura, *s.f.,* handle, hilt
encajero, *s.m.,* lacemaker, lace dealer
encajonar, *v.,* to box, channel
encalar, *v.,* to whitewash
encaminado, *adj.,* directed (toward)
encaramarse, *v.,* to climb, to get on top
encarecer, *v.,* to extol, to urge; to raise the price of
encasillamiento, *s.m.,* classification
encogerse, *v.,* to shrink, shrivel
encolerizarse, *v.,* to get angry
encuadernación, *s.f.,* bookbinding
encubrir, *v.,* to hide, conceal
encharcado, *adj.,* full of puddles
encharcar, *v.,* to swamp

endeble, *adj.,* feeble, weak
enervante, *adj.,* weakening
enfadarse, *v.,* to get angry, annoyed
enfebrecido, *adj.,* feverish, (fig.) hectic
engullir, *v.,* to gulp down
enhiesto, *adj.,* upright, erect
enlazado, *adj.,* linked
enmarañar, *v.,* to entangle, confuse
enmarcar, *v.,* to frame
enmudecer, *v.,* to hush, silence
enredadera, *s.f.,* vine, climbing plant
ensimismamiento, *s.m.,* self-absorption
enterar, *v.,* to inform
enterrar, *v.,* to bury
entornar, *v.,* to leave a door ajar
entorno, *s.m.,* environment, surroundings
entrañas, *s.f.,* entrails; (fig.) heart, feelings
entreabrir, *v.,* to half open
entremetido, *s.m.,* busybody, meddler
entretenerse, *v.,* to amuse oneself, delay
entrever, *v.,* to glimpse, puzzle out
entreverado, *adj.,* intermingled
entumecido, *adj.,* numb
envaramiento, *s.m.,* stiffness
envolverse, *v.,* to wrap up, roll up
equipararse, *v.,* to equal, to compare
equívoco, *adj.,* ambiguous
era, *s.f.,* plot; path
erguido, *adj.,* raised, straightened up
erial, *s.m.,* unplowed land
erizo, *s.m.,* hedgehog
ermita, *s.f.,* hermitage
esbozo, *s.m.,* sketch, outline
escalofrío, *s.m.,* chill

escama, *s.f.,* scale (as of fish)
escaparate, *s.m.,* shop window
escarbar, *v.,* to scratch, dig
escarceo, *s.m.,* flirtation
escayola, *s.f.,* plaster cast
escombro, *s.m.,* debris, rubble
escrutar, *v.,* to scrutinize
escudriñar, *v.,* to scrutinize
espada, *s.f.,* sword
espadaña, *s.f.,* belfry, bell tower
espanto, *s.m.,* fright, threat, terror
esparadrapo, *s.m.,* adhesive tape
especia, *s.f.,* spice
especioso, *adj.,* specious, false
esperpéntico, *adj.,* absurd
espesura, *s.f.,* thicket
esposado, *adj.,* handcuffed
esquero, *s.m.,* purse, pouch
esquilón, *s.m.,* sheep or cow bell
estallar, *v.,* to burst, explode
estampa, *s.f.,* engraving, image
estante, *s.m.,* bookcase, shelf
estepa, *s.f.,* steppe, treeless plain
estiércol, *s.m.,* manure
estorbo, *s.m.,* impediment, obstacle
estornudo, *s.m.,* sneeze, sneezing
estrechamiento, *s.m.,* narrowing
estremecer, *v.,* to shiver, shudder
estremecido, *adj.,* shaky, upset
estrépito, *s.m.,* racket, crash
etiqueta, *s.f.,* label, tag; formality
eunuco, *s.m.,* eunuch
excavadora, *s.f.,* power shovel
exento, *adj.,* free, exempt
exhalar, *v.,* to exhale, emit
exigir, *v.,* to require, demand
extasiar, *v.,* to put in a trance, captivate
extrañar, *v.,* to surprise, to find strange
extrañeza, *s.f.,* wonder, strangeness
extraviarse, *v.,* to get lost, go astray

F

fábula, *s.f.,* story, fable, fiction
faceta, *s.f.,* facet, aspect
fachada, *s.f.,* facade, front
fallar, *v.,* to fail, miss, misfire
fanfarrón, *adj.,* bragging
fardo, *s.m.,* bundle, package
farfullar, *v.,* to mumble, mutter
faro, *s.m.,* lighthouse, beacon
farola, *s.f.,* street lamp, lighthouse lamp
fastidio, *s.m.,* boredom, annoyance, distaste
fauce, *s.f.,* mouth, jaw
fe, *s.f.,* faith
febril, *adj.,* feverish
fecal, *adj.,* pertaining to excrement
fecundo, *adj.,* fertile
fechar, *v.,* to date
fetal, *adj.,* fetus-like
ficha, *s.f.,* filing card, police record
figurar, *v.,* to figure, represent
fijarse, *v.,* to pay attention to, notice
fijo, *adj.,* fixed, firm
filandón, *s.m.,* evening gathering (used in Asturias and León)
finalidad, *s.f.,* object, purpose
finca, *s.f.,* property, farm
fingir, *v.,* to pretend, fake
fontanero, *s.m.,* plumber
forastero, *s.m.,* stranger, outsider
forense, *s.m.,* forensic
fosa, *s.f.,* grave
fregadero, *s.m.,* kitchen sink
fregar, *v.,* to wash dishes
frenazo, *s.m.,* sudden braking
frente, *s.f.,* forehead
frialdad, *s.f.,* coldness, callousness
frigorífico, *s.m.,* refrigerator, cold-storage
friso, *s.m.,* frieze
frotarse, *v.,* to rub
fructífero, *adj.,* fruitful

fulgor, *s.m.*, brilliance, radiance
funda, *s.f.*, case (holder)

G

gabardina, *s.f.*, raincoat
galas, *s.f.*, elegant clothes
galgo, *s.m.*, greyhound
galletica, *s.f.*, cracker
gemir, *v.*, to groan, moan
gentío, *s.m.*, crowd
gestión, *s.f.*, negotiation, chore
ginebra, *s.f.*, gin
golfo, *s.m.*, street tough, tramp
golondrina, *s.f.*, swallow (bird)
golpe, *s.m.*, blow, stroke
gorra, *s.f.*, cap
grabación, *s.f.*, recording
grabado, *s.m.*, engraving, print
gracioso, *adj.*, funny, witty,
  charming
grado, *s.m.*, degree
grasiento, *adj.*, greasy
grieta, *s.f.*, crack, crevice
grifo, *s.m.*, faucet, tap
grúa, *s.f.*, crane
grumoso, *adj.*, clotty, curdly
gruta, *s.f.*, grotto
guantera, *s.f.*, glove compartment
guateque, *s.m.*, party, celebration
guijarro, *s.m.*, cobblestone, pebble
guiñar, *v.*, to wink
guisar, *v.*, to cook
gustoso, *adj.*, agreeable, pleasant

H

habla, *s.f.*, speech
hacha, *s.f.*, axe, hatchet
hachón, *s.m.*, torch
halcón, *s.m.*, falcon
haldeta, *s.f.*, coat tail
hallazgo, *s.m.*, finding, discovery
harto, *adj.*, fed up, full
haya, *s.f.*, beech tree

hectárea, *s.f.*, land measure equal
  to 2.471 acres
hediondo, *adj.*, stinking, filthy
hedor, *s.m.*, stench
helarse, *v.*, to freeze
hendidura, *s.f.*, crack, split
heredero, *s.m.*, heir
hereje, *s.m.&f.*, heretic
hermético, *adj.*, impenetrable,
  airtight
hidalgo, *s.m.*, nobleman
hierro, *s.m.*, iron
hilera, *s.f.*, row, line
hinchar, *v.*, to inflate, swell
hogaza, *s.f.*, large loaf of bread
hoguera, *s.f.*, bonfire
hojear, *v.*, to leaf through a book
hondonada, *s.f.*, bottom
hongo, *s.m.*, fungus, mushroom
honrado, *adj.*, honest, honorable
horadar, *v.*, to drill, bore
hosco, *adj.*, grim, sullen
hueco, *s.m.*, opening, hole
huerta, *s.f.*, vegetable garden
huerto, *s.m.*, orchard, back garden
huesudo, *adj.*, bony, big-boned
huida, *s.f.*, flight, escape
huido, *s.m.*, fugitive
humeante, *adj.*, steaming, smoking
hurón, *s.m.*, ferret
husmear, *v.*, to pry into, sniff

I

ignorar, *v.*, to know not
imán, *s.m.*, magnet
impreso, *adj.*, printed
imprevisible, *adj.*, unforeseeable
impune, *adj.*, unpunished
incandescente, *adj.*, incandescent,
  glowing, brilliant
incorporarse, *v.*, to rise up, sit up
indagador, *s.m.*, investigator
índice, *s.m.*, index finger,
  forefinger

indicio, *s.m.,* indication, token
indumentaria, *s.f.,* clothing, dress
inédito, *adj.,* new, unknown
inenarrable, *adj.,* indescribable
infiernillo, *s.m.,* small stove
informe, *s.m.,* report
ingenio, *s.m.,* wit, creativity
ingle, *s.f.,* groin
inmobiliaria, *s.f.,* real estate
inmutar, *v.,* to change, disturb
inoxidable, *adj.,* rustproof
inquilino, *s.m.,* tenant, renter
insondable, *adj.,* not
  understandable
intemperie, *s.f.,* inclement weather,
  outdoors
internarse, *v.,* to go deeply into
interpelar, *v.,* to interrogate
intersticio, *s.m.,* gap, space;
  interval
ira, *s.f.,* anger, wrath
irisación, *s.f.,* iridescence

J
jabalí, *s.m.,* wild boar
jadeante, *adj.,* panting
jícara, *s.f.,* small cup, earthenware
  cup
jirón, *s.m.,* fragment, shred
jocosamente, *adv.,* merrily, jocosely
joderse, *v.,* (*vulg.*) to be bothered,
  annoyed
jubón, *s.m.,* jerkin, close-fitting
  jacket

L
labriego, *s.m.,* peasant, land worker
lacio, *adj.,* straight
ladear, *v.,* to tilt, tip
ladera, *s.f.,* side, hillside
lánguido, *adj.,* weak, listless, faint
lanzar, *v.,* to throw
lata, *s.f.,* can, tin
latir, *v.,* to beat, palpitate

lazo, *s.m.,* (*fig.*) link, bond
lechero, *adj.,* dairy
lejía, *s.f.,* lye; bleach
leve, *adj.,* light, small
liar, *v.,* to roll (a cigarette)
libre, *adj.,* free, off duty
liebre, *s.f.,* hare
lienzo, *s.m.,* linen cloth, a canvas
limpidez, *s.f.,* clarity
lince, *s.m.,* lynx; quick-witted
  person
lino, *s.m.,* linen
lío, *s.m.,* fuss, mess
liso, *adj.,* even, smooth
litera, *s.f.,* berth
loable, *adj.,* laudable, praiseworthy
lomo, *s.m.,* back
lona, *s.f.,* sailcloth, canvas
losa, *s.f.,* slab, flagstone, tomb
loza, *s.f.,* porcelain, earthenware
lumbre, *s.f.,* light, fire

LL
llama, *s.f.,* flame, blaze
llanura, *s.f.,* flatlands, plain

M
madeja, *s.f.,* skein (of yarn)
magnetófono, *s.m.,* tape recorder
maldecir, *v.,* to curse, loathe
maleza, *s.f.,* weeds, thicket
mancha, *s.f.,* stain
mandil, *s.m.,* apron
mango, *s.m.,* handle, stick
maniobra, *s.f.,* maneuver
manojo, *s.m.,* bunch, handful
manotazo, *s.m.,* slap
mansedumbre, *s.f.,* gentleness,
  mildness
manso, *adj.,* tame
manta, *s.f.,* blanket, shawl
manto, *s.m.,* robe, cloak
manzanilla, *s.f.,* camomile (an
  aromatic plant)

marco, *s.m.,* frame, framework
marear, *v.,* to get dizzy
mármol, *s.m.,* marble
marrón, *adj.,* brown, tan
martillo, *s.m.,* hammer
masa, *s.f.,* mass, bulk, volume
máscara, *s.f.,* mask
mascullar, *v.,* to mumble, mutter
matadero, *s.m.,* slaughterhouse
matiz, *s.m.,* hue, tint
matorral, *s.m.,* thicket, underbrush
mecer, *v.,* to rock, to swing
mechero, *s.m.,* lighter
medianía, *s.f.,* average; mediocrity
mejilla, *s.f.,* cheek
mentiroso, *adj.,* lying, false,
   deceptive
menudo, *adj.,* small, slight
mercader, *s.m.,* merchant
meridional, *adj.,* southern
mero, *adj.,* mere, pure
mesurado, *adj.,* restrained,
   moderate
mezcla, *s.f.,* mixture
mezquino, *adj.,* stingy, mean
mezquita, *s.f.,* mosque
micelio, *s.m.,* mushroom stem
milenario, *adj.,* millenary
   (pertaining to a thousand)
mimar, *v.,* to pamper, spoil
minucioso, *adj.,* meticulous
mirador, *s.m.,* watchtower; closed
   porch
mocín, *s.m.,* youngster
moco, *s.m.,* mucus
mochila, *s.f.,* backpack
modales, *s.m.,* manners
módico, *adj.,* moderate, reasonable
modulado, *adj.,* melodious
mole, *s.f.,* mass, bulk
mono, *s.m.,* overalls
mono(a), *s.m.&f.; adj.,* monkey, ape;
   cute, nice

montañero, *s.m.,* climber,
   mountaineer
montar, *v.,* to mount; to set up
monte, *s.m.,* hill, woods
montón, *s.m.,* pile, heap, lot
moño, *s.m.,* bun topknot (of hair)
moqueta, *s.f.,* carpeting
morada, *s.f.,* dwelling
mordisco, *s.m.,* bite
morisco, *adj.,* Moorish
mortecino, *adj.,* dying, failing
mota, *s.f.,* speck, tiny piece, piece of
   fluff
mozo, *s.m.,* young man
mudanza, *s.f.,* change; move
mueca, *s.f.,* grimace
muestrario, *s.m.,* collection of
   samples
musitar, *v.,* to mumble, mutter

N

nácar, *s.m.,* mother-of-pearl
naciente, *adj.,* rising, about to
   emerge
nalgas, *s.f.,* buttocks, rump
naufragado, *adj.,* shipwrecked
navaja, *s.f.,* folding knife, penknife;
   razor
navío, *s.m.,* ship, vessel
negar, *v.,* to deny, reject, refute
negrura, *s.f.,* blackness
nevero, *s.m.,* perpetual snow
noria, *s.f.,* waterwheel
nuca, *s.f.,* nape (of neck)
nudillo, *s.m.,* knuckle
nuncio, *s.m.,* member of the clergy
nutrido, *adj.,* numerous, abundant

O

obstinarse, *v.,* to be obstinate, dwell
   upon
ocre, *adj.,* ocher
oficio, *s.m.,* trade, occupation
ojeada, *s.f.,* glance, glimpse

ojeras, *s.f.*, rings, circles under eyes
ondulado, *adj.*, wavy, rolling
oprobio, *s.m.*, reproach, infamy; shame
oración, *s.f.*, prayer
orar, *v.*, to pray
ordenador, *s.m.*, computer
orujo, *s.m.*, grape drink (northern Spain)
osadía, *s.f.*, daring, boldness

P

paja, *s.f.*, straw
pajarita, *s.f.*, bow tie
pajizo, *adj.*, straw-colored
pajuela, *s.f.*, little piece of straw
pala, *s.f.*, shovel, spade, scoop
palloza, *s.f.*, hut
pantano, *s.m.*, swamp, bog, marsh
paño, *s.m.*, cloth
pañuelo, *s.m.*, handkerchief, scarf
parabrisas, *s.m.*, windshield
paramento, *s.m.*, ornament
páramo, *s.m.*, high barren plain
paredón, *s.m.*, thick wall
párpado, *s.m.*, eyelid
parrafada, *s.f.*, long speech
parsimonia, *s.f.*, calmness, moderation, frugality
partida, *s.f.*, game; departure; band
partido, *adj.*, divided, split
partir, *v.*, to split; leave
pasillo, *s.m.*, corridor, hall
pastar, *v.*, to graze
pastilla, *s.f.*, pill
pastizal, *s.m.*, pasture
pastor, *s.m.*, shepherd
patada, *s.f.*, kick, step, stamp
patata, *s.f.*, potato
peatón, *s.m.*, pedestrian
pecha, *s.f.*, tax, fine
pedigüeño, *adj.*, persistent in asking

pedo, *s.m.*, emission of intestinal gas, flatulence
pedregoso, *adj.*, stony, rocky
pegadizo, *adj.*, catching, contagious; sticky
peinado, *s.m.*, hairdo
película, *s.f.*, film; motion picture
peludo, *adj.*, hairy, furry
penoso, *adj.*, painful, difficult
penumbra, *s.f.*, semidarkness
peña, *s.f.*, rock, cliff
peñona, *s.f.*, large rock
perdigón, *s.m.*, partridge (game bird)
perdurar, *v.*, to last, survive
peregrino, *s.m.*, pilgrim
perfil, *s.m.*, profile, side view, outline
peripecia, *s.f.*, vicissitude, change of fortune
pernera, *s.f.*, trouser leg
perspectiva, *s.f.*, perspective; prospect
pesado, *adj.*, heavy, slow, tiresome
pesadumbre, *s.f.*, sorrow, grief
pesca, *s.f.*, fishing
pestañeo, *s.m.*, blink
petulancia, *s.f.*, vanity, self-satisfaction
pezuña, *s.f.*, hoof
piadoso, *adj.*, pious, merciful
pícaro, *adj.*, tricky, mischievous, roguish
piedad, *s.f.*, mercy, devotion
pincelada, *s.f.*, brush stroke
pisa, *s.f.*, wine-treading place
pisada, *s.f.*, footstep, tread
pisapapeles, *s.m.*, paperweight
piso, *s.m.*, apartment
pista, *s.f.*, track, trace, trail
pitido, *s.m.*, whistle sound; beep
placa, *s.f.*, badge, insignia
plagiar, *v.*, to plagiarize
platillo, *s.m.*, saucer; flying saucer

plectro, *s.m.,* plectrum; small metal piece used to pluck a stringed instrument

pletórico, *adj.,* plethoric; excessive

pléyade, *s.f.,* pleiad, group of illustrious persons

pliego, *s.m.,* sheet of paper

pliegue, *s.m.,* pleat, crease, fold

podredumbre, *s.f.,* corruption, putrefaction

polémica, *s.f.,* controversy

policía, *s.f.,* police; (*rare*) politeness

pomo, *s.m.,* doorknob

ponderar, *v.,* to ponder; to overpraise

pormenor, *s.m.,* detail, particular

porracha, *s.f.,* walking cane used in León

portazo, *s.m.,* bang, slam (of door)

portezuela, *s.f.,* small door; car door

posarse, *v.,* to perch, settle, sit

postizo, *adj.,* false, artificial

postrado, *adj.,* prostrate, prone

postular, *v.,* to claim, demand; apply for

prado, *s.m.,* pasture, meadow

pregón, *s.m.,* public announcement

premiar, *v.,* to reward

presa, *s.f.,* dam

preso, *adj.,* imprisoned, seized

prever, *v.,* to foresee

procurar, *v.,* to strive for, try to

prodigio, *s.m.,* wonder, marvel

proseguir, *v.,* to continue, carry on

proveer, *v.,* to provide

pudrir, *v.,* to rot

pulcritud, *s.f.,* neatness, cleanliness

pulgar, *s.m.,* thumb

pulmón, *s.m.,* lung

punta, *s.f.,* spire; point

punteado, *adj.,* covered with dots

puntear, *v.,* to pluck

punzada, *s.f.,* shooting pain, prick

puñalada, *s.f.,* stab wound

puño, *s.m.,* fist; cuff

Q

quebrado, *adj.,* broken

quemazón, *s.f.,* burning, combustion

quicio, *s.m.,* hinge

quitar(se), *v.,* to remove, take away, take off

R

rabo, *s.m.,* tail

racha, *s.f.,* squall, sudden gust of wind

rajar, *v.,* to crack, split

rasgos, *s.m.,* features, characteristics

raso, *adj.,* clear, bare

rastro, *s.m.,* trail, track

rastrojera, *s.f.,* stubble

rastrojo, *s.m.,* stubble (of crops)

raudo, *adj.,* rapid, impetuous

rayo, *s.m.,* lightning

rebeco, *s.m.,* chamois (small antelope)

rebozo, *s.m.,* shawl

rebuscar, *v.,* to search intently

recalar, *v.,* to soak, saturate

recato, *s.m.,* caution, reserve, modesty

recaudación, *s.f.,* amount collected; receipts

recelo, *s.m.,* distrust, fear

reclamo, *s.m.,* bird call; protest, complaint

recodo, *s.m.,* bend, twist

recoger, *v.,* to pick up, gather; seclude

recorrer, *v.,* to pass through

recortar, *v.,* to trim, cut off

recostar, *v.,* to lean back, sit back

recubrir, *v.,* to cover, coat
red, *s.f.,* network; net
redacción, *s.m.,* writing
reducto, *s.m.,* redoubt, safe place
reflector, *s.m.,* spotlight
refunfuñar, *v.,* to grumble, growl
regadío, *s.m.,* irrigation
regato, *s.m.,* stream for irrigation
regocijar, *v.,* to rejoice
rehusar, *v.,* to refuse, decline
relamido, *adj.,* prim, priggish
relámpago, *s.m.,* flash of lightning
relato, *s.m.,* story, narration
reluciente, *adj.,* brilliant, flashing
relumbrar, *v.,* to shine, glare
rematar, *v.,* to finish, put an end to
remolino, *s.m.,* whirlpool,
   whirlwind
remordimiento, *s.m.,* remorse,
   regret
removerse, *v.,* to move away
remozar, *v.,* to brighten up,
   rejuvenate
rencor, *s.m.,* rancor, grudge
rendija, *s.f.,* crack, split
renovador, *adj.,* renewing
reparar, *v.,* to notice, observe; to
   repair
repartir, *v.,* to distribute
repecho, *s.m.,* slope, hill
repicar, *v.,* to ring, sound
repiqueteo, *s.m.,* repeated ringing
repisa, *s.f.,* mantel; shelf
replegado, *adj.,* folded over
replicar, *v.,* to answer back, retort
reposar, *v.,* to rest
reprensión, *s.f.,* reprimand
reprimir, *v.,* to repress, suppress,
   hold in
reptante, *adj.,* crawling, creeping
requerimiento, *s.m.,* summons
resaltar, *v.,* to jut out, project
rescatar, *v.,* to recapture, rescue
rescate, *s.m.,* rescue, recovery

reseco, *adj.,* very dry
resguardar, *v.,* to defend, protect
resguardo, *s.m.,* protection,
   safeguard, defense
resonar, *v.,* to resound, echo
respaldo, *s.m.,* back, backing
respiro, *s.m.,* respite
resplandecer, *v.,* to shine, gleam
restituible, *adj.,* returnable,
   restorable
retejar, *v.,* to retile
retiñir, *v.,* to jingle, tinkle
retrato, *s.m.,* portrait
retrete, *s.m.,* toilet
retroceder, *v.,* to move backward
retrovisor, *s.m.,* rear-view mirror
retumbar, *v.,* to resound, rumble
reverberar, *v.,* to shine, shimmer
reverbero, *s.m.,* reflection
reverencia, *s.f.,* bow, curtsy
revolcarse, *v.,* to roll around, wallow
revolotear, *v.,* to flutter
rezumante, *adj.,* oozy, leaky
ribera, *s.f.,* bank, riverside
rielar, *v.,* to shimmer, glitter
roble, *s.m.,* oak tree
robledal, *s.m.,* oak forest
rodado, *adj.,* rounded
rodilla, *s.f.,* knee
romería, *s.f.,* pilgrimage, excursion
roncar, *v.,* to snore
ronco, *adj.,* hoarse, harsh
rótulo, *s.m.,* title, poster, showbill
rotundidad, *s.f.,* forthrightness
rotundo, *adj.,* sonorous
rozar, *v.,* to graze; scrape
rubor, *s.m.,* blush
rugiente, *adj.,* roaring
rumiar, *v.,* to ruminate (chew a
   cud); to ponder
rumor, *s.m.,* rumor, rumble,
   murmur

S

sable, *s.m.,* saber
saco, *s.m.,* sack, bag, jacket
sajado, *adj.,* cut open
sal, *s.f.,* grace, charm, wit; salt
saladito, *s.m.,* snack
saliente, *s.m.,* protuberant rock
salpicar, *v.,* to splash, sprinkle
salto, *s.m.,* jump, leap
santuario, *s.m.,* sanctuary, shrine
saña, *s.f.,* fury, rage, cruelty
sarga, *s.f.,* serge (fabric)
satinado, *adj.,* glossy, shiny
sebe, *s.f.,* hedge
secano, *s.m.,* dried-up land
seda, *s.f.,* silk
sediento, *adj.,* thirsty; anxious
sedoso, *adj.,* silky, soft
selvático, *adj.,* woodsy, wild, rustic
sellado, *adj.,* sealed, closed
semblante, *s.m.,* face, expression
sembrar, *v.,* to sprinkle, spread
semoviente, *adj.,* able to move by itself
sensibilidad, *s.f.,* sensitivity
sentido, *s.m.,* sense, meaning; direction
señal, *s.f.,* signal
sepultar, *v.,* to bury, hide away
sequedal, *s.m.,* very dry land
servil, *adj.,* subservient, submissive
seta, *s.f.,* mushroom
sherpa, *s.m.,* guide on Himalayan expedition
siembra, *s.f.,* sowing, seeding
sigilo, *s.m.,* concealment, reserve
silbido, *s.m.,* whistle, hissing
sobado, *adj.,* overused, dirty
sobrepasar, *v.,* to excel, to surpass
sobresalto, *s.m.,* fright
sobrio, *adj.,* moderate, sober
solapa, *s.f.,* lapel
solar, *s.m.,* lot, piece of ground
soleado, *adj.,* sunny

soler, *v.,* to be accustomed to
soltar, *v.,* to loosen, unfasten, let go
somero, *adj.,* summary, superficial
sonámbulo, *s.m.,* sleepwalker
sonrojar, *v.,* to blush
sonrosado, *adj.,* rosy, pink
sorbo, *s.m.,* sip, gulp
sosiego, *s.m.,* calm, serenity
sótano, *s.m.,* basement, cellar
subalterno, *s.m.,* subordinate
súbdito, *s.m.,* subject
súbito, *adj.,* sudden, unexpected
suceso, *s.m.,* event
sudoroso, *adj.,* sweaty
suelo, *s.m.,* floor, ground, pavement
suelto, *adj.,* loose, free
sujetar, *v.,* to fasten, hold down, subdue
sujeto, *adj.,* fastened, secured
sumidero, *s.m.,* drain, sewer
sumido, *adj.,* immersed, overwhelmed
sumirse, *v.,* to sink
suntuoso, *adj.,* luxurious, sumptuous
superar, *v.,* to surpass, to excel
superponer, *v.,* to superimpose
superviviente, *s.m.,f.,* survivor
suplantar, *v.,* to take the place of
surco, *s.m.,* track, rut
surtidor, *s.m.,* spout, (gas) pump
suspicacia, *s.f.,* suspicion, distrust
susurrar, *v.,* to whisper

T

tabique, *s.m.,* partition wall
tablada, *s.f.,* stockyard
tablón, *s.m.,* plank, beam
tacto, *s.m.,* touch, tact
tahúr, *adj.,* gambling, cheating
tajada, *s.f.,* slice, cut, piece
tajo, *s.m.,* cut

tambalearse, *v.,* to stagger, reel
tañer, *v.,* to play a musical instrument
taparse, *v.,* to cover up completely
tapiar, *v.,* to wall in; to close up
tapicería, *s.f.,* upholstery
tapizar, *v.,* to upholster, cover
tardar, *v.,* to be slow, be late
tarea, *s.f.,* task
tarima, *s.f.,* platform
tebeo, *s.m.,* comic magazine or strip
teclado, *s.m.,* keyboard
tecleo, *s.m.,* click
techador, *s.m.,* roofer
tedio, *s.m.,* boredom, ennui
teja, *s.f.,* tile
tejado, *s.m.,* roof
tejera, *s.f.,* tile factory
tejido, *s.m.,* fabric, textile
telaraña, *s.f.,* cobweb, spider web
telón, *s.m.,* drop, curtain
temblequeante, *adj.,* shaking, trembling
tenacidad, *s.f.,* persistence, tenacity
tender, *v.,* to extend, stretch out
tendero, *s.m.,* store owner, shopkeeper
tenebroso, *adj.,* gloomy, dark
tenue, *adj.,* tenuous, light, soft
teñirse, *v.,* to dye, stain, color
terciado, *adj.,* blended, mixed
terrado, *s.m.,* terrace, flat roof
testigo, *s.m.&f.,* witness
tibieza, *s.f.,* lukewarmness
tierno, *adj.,* tender, soft
tina, *s.f.,* large vat, large tub
tiniebla, *s.f.,* darkness
tipo, *s.m.,* fellow, guy, type
tirar, *v.,* to throw, drop, pull; to fire
tiro, *s.m.,* shot
titubear, *v.,* to waver, hesitate
tomavistas, *s.m.,* motion-picture camera

topar, *v.,* to bump, run into
torpeza, *s.f.,* slowness; clumsiness, stupidity
torques, *s.f.,* ancient Roman collar
toser, *v.,* to cough
tráfago, *s.m.,* traffic; drudgery
tragar, *v.,* to swallow
trajín, *s.m.,* bustle, coming and going
trajinar, *v.,* to bustle around
traqueteo, *s.m.,* rattle
trasfondo, *s.m.,* background, undercurrent
trasiego, *s.m.,* disorder, upset
tratado, *s.m.,* treaty, treatise
trato, *s.m.,* dealings
trazar, *v.,* to draw, design
trenzar, *v.,* to braid
trepar, *v.,* to climb, scale
tripulante, *s.m.,* crew member
trocear, *v.,* to divide into pieces
tromba, *s.f.,* whirlpool, whirlwind
trote, *s.m.,* trot
trucha, *s.f.,* trout
tumba, *s.f.,* tomb, grave
tumbado, *adj.,* lying down
turbador, *adj.,* disturbing

U

umbral, *s.m.,* threshold
untar, *v.,* to smear, grease, spread
urdir, *v.,* to scheme, contrive

V

vacilante, *adj.,* hesitant
vacío, *s.m.,* emptiness
vacunar, *v.,* to vaccinate
valioso, *adj.,* valuable
vanagloria, *s.f.,* ostentation
vano, *s.m.,* wall opening
vano, *adj.,* vain, imaginary, foolish
vara, *s.f.,* stick
varilla, *s.f.,* small stick

variopinto, *adj.,* colorful, multi-colored

varón, *adj.,* male

vecera, *s.f.,* shepherdess on duty

vega, *s.f.,* fertile land

velada, *s.f.,* evening party, soirée

velar, *v.,* to watch over, guard

venerada, *adj.,* revered, venerated

ventanuco, *s.m.,* small window

vera, *s.f.,* edge, border

vergonzoso, *adj.,* shameful

verosimilitud, *s.f.,* credibility, probability

vertiginoso, *adj.,* dizzy, extremely speedy

viajante, *s.m.,* traveling salesman, traveler

vientre, *s.m.,* belly, abdomen

vigente, *adj.,* in force, effective

vigilante, *s.m.,* guard, watchman

vihuela, *s.f.,* Spanish lute

vileza, *s.f.,* vileness, baseness

villancico, *s.m.,* Christmas carol

vindicar, *v.,* to do justice, avenge

viscoso, *adj.,* viscous, sticky

volante, *s.m.,* steering wheel

Y

yermo, *adj.,* barren; uncultivated (land)

Z

zanja, *s.f.,* ditch, trench

zapatilla, *s.f.,* slipper

zarandear, *v.,* to sieve, shake up, toss about

zéjel, *s.m.,* old Moorish poem

zumbido, *s.m.,* buzz, zoom

NTC SPANISH CULTURAL AND LITERARY TEXTS AND MATERIAL

Contemporary Life and Culture
"En directo" desde España
Cartas de España
Voces de Puerto Rico
The Andean Region

Contemporary Culture—in English
Getting to Know Mexico
Getting to Know Spain
Spain: Its People and Culture
Welcome to Spain
Life in a Spanish Town
Life in a Mexican Town
Spanish Sign Language
Looking at Spain Series

Cross-Cultural Awareness
Encuentros culturales
The Hispanic Way
The Spanish-Speaking World

Legends and History
Leyendas latinoamericanas
Leyendas de Puerto Rico
Leyendas de España
Leyendas mexicanas

Dos aventureros: De Soto y Coronado
Muchas facetas de México
Una mirada a España
Relatos latinoamericanos

Literary Adaptations
Don Quijote de la Mancha
El Cid
La Gitanilla
Tres novelas españolas
Dos novelas picarescas
Tres novelas latinoamericanas
Joyas de lectura
Cuentos de hoy
Lazarillo de Tormes
La Celestina
El Conde Lucanor
El burlador de Sevilla
Fuenteovejuna
Aventuras del ingenioso hidalgo Don Quijote de la Mancha

Civilization and Culture
Perspectivas culturales de España, 2nd edition
Perspectivas culturales de Hispanoamérica, 2nd edition
Panorama de la prensa

For further information or a current catalog, write:
National Textbook Company
a division of *NTC Publishing Group*
4255 West Touhy Avenue
Lincolnwood, Illinois 60646–1975 U.S.A.